교실에서
세계 시민
되기

SDGs 테마 수업 워크북

교실에서 세계 시민 되기

유네스코 아시아태평양 국제이해교육원 기획
강혜미 박민수 백수진 양철진 이예지 이지홍 정현미 홍연진 지음

창비᎒

들어가는 말

교실, 세계 시민으로 성장하는 공간

『교실에서 세계 시민 되기』는 교실이 세계 시민으로 성장하는 공간이 되기를 바라는 희망을 담고 있습니다. 학교 교실은 물론이고 배움이 일어나는 곳이라면 그 어디라도 세계 시민을 키워 내는 교실이 되기를 바라는 희망입니다. 얼굴을 직접 바라보며 눈을 마주치는 교실이든, 화면으로 눈길이 오가고 이야기를 주고받는 온라인 공간이든, 세계 시민으로 성장하는 공간이 많아진다면 얼마나 좋을까요.

교실은 어떤 곳인가요? 단순히 지식을 얻는 곳만은 아닐 겁니다. 선생님이나 친구들과 관계를 맺고 함께 배우고 고민하며 소통하는 즐거움을 나누는 곳이면서, 동시에 서로 다른 생각이 부딪쳐 때로는 크고 작은 갈등이 일어나고, 그런 갈등을 해결하는 방법을 몸과 마음으로 깨우쳐 가는 곳입니다. 그렇기 때문에 교실이야말로 세계 시민은 누구인지, 세계 시민으로서 사고하고 행동하려면 어떻게 해야 하는지 함께 배우고 실천하며 세계 시민으로 성장할 수 있게 돕는 가장 훌륭한 공간일 것입니다.

세계 시민에 관해 배우고 토론하고 실천하는 주제와 방법은 다양하겠습니다만, 국제 사회가 이 세상 모든 이들의 더 나은 삶과 지구 생태계 보전을 위해 2030년까지 달성하기로 약속한 지속가능발전목표(Sustainable Development Goals, SDGs)에 초점을 맞추는 것이 우선이 되면 좋겠습니다.

이 책은 17개 지속가능발전목표에 관한 설명과 활동으로 구성되어 있습니다. 이 목표들이 너무 어렵거나 멀게 느껴지지 않도록 학생들의 삶과 연결된 이야기로 접근할 수 있게 했습니다. 학교 현장에서 세계시민교육에 대해 치열하게 고민하고 실천해 온 연구 공동체 '느루' 선생님들의 폭넓은 경험이 있었기에 가능한 방식이었습니다. 느루의 모든 선생님께 감사를 전합니다.

많은 선생님과 학생 여러분께서 '교실'이라는 특별한 공간에서 함께 배우고 대화 나누며 세계 시민으로 성장하는 데 이 책이 도움이 되기를 바랍니다. 나아가 교실과 교실 밖 세상에서 세계 시민으로 성장해, 참여하고 활동할 수 있기를 응원하고 기대합니다.

유네스코 아시아태평양 국제이해교육원장 임현묵

세계 시민을 실천하는 교실을 기대하며

'느루'는 세계시민교육을 고민하고 연구하는 교사들이 자발적으로 만든 작은 모임입니다. 지난 5년 동안 '느루'는 세계시민교육을 주제로 이야기 나누는 즐거움을 알게 되었고 이러한 즐거움이 콘텐츠 개발로 이어지는 성취를 경험한 바 있습니다. '느루'의 두 번째 출판물인 이 책은 세계시민교육에 대한 '느루'의 아이디어가 미력하나마 의미 있는 콘텐츠로 구현될 수 있다는 가능성을 거듭 확인하려는 새로운 도전의 산물입니다.

워크북을 개발하는 과정에서 도전에 직면했던 부분은 지속가능발전목표를 세계 시민의 관점에서 보다 포괄적으로 이해하고 실제 수업에 적용할 수 있는 방법을 찾는 것이었습니다. 이는 학습자가 단순히 지속가능발전목표의 개별 내용을 아는 데 그치지 않고, 세계시민교육이 지향하는 가치와 연결하여 더 깊이 이해하고 실천에 옮기도록 하기 위해서입니다.

이를 위해서 초등과 중등 수업에서 각각 활용할 수 있는 콘텐츠가 필요함을 절감하고 본 워크북을 개발하게 되었습니다. 아울러 이전의 워크북에서 언급하지 않았던 생소한 글로벌 이슈를 제기하기도 했고, 시의성 있는 주제를 다루기 위해 다양한 자료를 검토하여 공신력 있는 기관의 최신 자료와 통계 지도 등을 수록했습니다. 무엇보다도 이 책에서는 변혁적 교수법을 바탕으로 지속가능발전목표를 17개의 수업 테마로 상정하고, 다양한 아이디어를 수업 활동으로 제시하여 학생들이 참여하는 과정에서 스스로 변혁적 역량에 관심을 두도록 구성했습니다.

  특별히 초등 편의 경우 사람, 지구, 번영, 평화, 파트너십의 5개 영역에 해당하는 17가지 지속가능발전목표끼리 묶어 단원을 구성했습니다. 이를 통해 학습자가 종합적인 관점에서 지속가능발전목표의 기본 정신을 이해하도록 하였습니다.

  늘 그렇듯 아이디어를 구체화하는 과정에서 어려움이 있었습니다. 이 책에는 시행착오를 거듭하며 얻은 경험의 소중함과 연대 의식을 공유한 많은 분의 노고가 담겨 있습니다. 계속된 도전 과제 속에서도 확신을 갖고 한 팀이 되어 준 집필진, 지난한 과정임을 알면서도 사명감으로 도움과 협력을 아끼지 않은 유네스코 아시아태평양 국제이해교육원 관계자들, 출판의 취지에 공감하고 숱한 고민을 삭인 창비교육에 존경의 뜻을 표합니다. 더디지만 계속해서 세계시민교육을 고민하겠다는 '느루'의 가치와 철학을 공감해 주시는 모든 분께도 진심 어린 감사의 마음을 전합니다.

세계시민교육 연구 개발 공동체 '느루' 대표 교사 양철진

차례

들어가는 말　　04

평화
평화로운 세상을 위한 한 걸음　　12

사람
모두 잘 사는 세상을 위하여　　26
배고픔과 배부름 사이에서　　36
모두 건강하고 행복하게!　　46
나도 학교에 가고 싶어요　　56
나답게, 너답게, 우리답게　　66

번영
에너지를 얻는 슬기로운 방법　　78
좋은 일자리란 무엇일까요?　　88
나누어 쓰면 더 행복한 세상　　100
사라져라, 불평등 바이러스　　110
나와 우리, 지구가 행복한 도시　　122

지구

나의 물 발자국을 찾아서	134
책임감 있는 생산과 소비	144
도대체 날씨가 왜 이러지?	156
지금 바다에서 일어나는 일	166
지금 땅 위에서 일어나는 일	178

파트너십

우리 모두는 세계 시민입니다	190

참고 자료 및 출처	206
활동지	

평화

● 평화로운 세상을 위한 한 걸음

'평화'의 뜻을 알고 있나요? 평화는 '사람과 사람, 나라와 나라 사이에 싸움이 없어 사이좋고 평온한 상태'를 뜻하는 말이에요. 많은 사람이 평화를 원하지요. 하지만 싸움은 끊이지 않아요. 왜 그럴까요? 사람이든 나라든 각자의 생각과 처지가 다르고, 그 상황에서 자기의 이익을 우선으로 하기 때문이에요.

끝나지 않는 싸움을 그냥 보고 있을 수는 없어요. 지속 가능한 발전을 위해 평화롭고 포용적인 사회를 만들어 가야 해요. 그러려면 평화를 유지할 수 있도록 책임 있고 효과적인 제도를 만들어야겠지요.

여기에서 우리는 왜 평화를 이어 가야 하는지, 평화를 위해 사람들이 어떤 노력을 하는지 알아볼 거예요.

Chapter 01

평화로운 세상을 위한 한 걸음

1. 다음 SNS 게시물을 보고 댓글을 달아 봅시다.

with_earth

좋아요 700개
with_earth 평화로운 이 모습. 너무 좋아. 너는 언제 평화롭다고 느껴?
#평화로움 #정의 #포용력있는사회 #모든다툼과폭력_싫어

2. 다음 만화를 보고 수업에서 무엇을 배울지 생각해 봅시다.

 첫 번째 걸음

평화를 표현해요

❖ 평화를 다양하게 표현한 다음 엽서를 보고 평화에 대해 생각해 봅시다.

  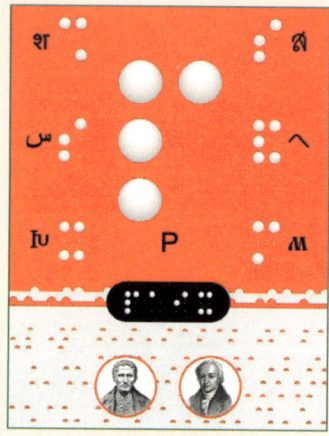

① 각 엽서에서 어떤 방식으로 평화를 표현했는지 이야기해 봅시다.

② 평화라는 말을 생각했을 때 떠오르는 이미지, 사물 등을 적어 봅시다.

③ 글자를 꾸미거나 그림을 활용하는 등 다양한 방식으로 내가 생각하는 평화를 표현해 봅시다.

'지속가능발전목표'에 대해 알아봐요

두 번째 걸음

❖ 다음 만화를 보고 지속가능발전목표가 왜 만들어졌는지 알아봅시다.

전 세계에 정말 많은 문제가 있어요.
문제는 점점 심각해지고 있고요.

지구를 위해 어떤 일을 해야 하는지
많은 사람이 고민하기 시작했어요.

2015년, 세계 여러 나라의 사람들이
유엔에 모여 회의를 했지요.

많은 사람들의 의견을 모아
지구를 위한 17가지 약속을 정했어요.

그 약속을 '지속가능발전목표'라고 해요.
영어로는 'Sustainable Development Goals'이고요.

지금의 생활 방식과 발전 방향으로는
지구가 지속될 수 없다는 사실을 깨닫고
이런 이름을 붙였어요.

우리 모두가 이 약속을 지키려고 노력한다면
세상은 더 나은 모습으로 바뀔 거예요.

그럼, 17가지 목표가 무엇인지 살펴볼까요?

평화

① 지속가능발전목표를 달성하기 위해 가장 중요한 점이 무엇일지 생각해 봅시다.

② 지속가능발전목표 가운데 내가 좀 더 관심을 갖고 실천하고 싶은 것을 그 이유와 함께 말해 봅시다.

평화를 이루기 위한 방법을 살펴요

세 번째 걸음

1. 평화를 위한 상차림을 해 봅시다.

① 내가 겪었던 평화롭지 못한 일을 떠올려 봅시다. 그리고 그 문제를 어떻게 극복하려 했는지 적어 봅시다.

- 내가 겪었던 평화롭지 못한 일은 무엇인가요?

- 그 일을 어떻게 극복하려 했나요?

② 다음 |예|를 참고하여 세계 곳곳에서 벌어지는 평화롭지 못한 일을 찾아봅시다. 그리고 그 문제를 해결하기 위해 어떤 노력이 이루어지고 있는지 살펴봅시다.

| 예 |

케냐 니에리라는 시골 마을에서 태어난 왕가리 마타이라는 여성이 있어요. 당시 아프리카에서는 여성을 학교에 보내지 않는 것을 당연하게 여겼어요. 하지만 마타이는 부모님의 남다른 교육관 덕분에 동아프리카 여성 최초로 박사 학위를 받고 교수를 지냈습니다.

배움을 마치고 고국으로 돌아온 마타이는 무분별하게 이루어지는 개발 때문에 파괴된 환경과 여전히 억압받는 여성들을 보고 충격을 받아요. 이에 밀림을 살리고 가난한 여성에게 일자리를 주려는 목적으로 여성들에게 나무 심는 법을 알려 주는 운동을 시작해요. 마타이의 뜻을 꺾으려는 시도가 있었지만 결국 그 운동은 아프리카 전역으로 퍼져 나갔습니다.

③ 다음 |예|를 참고하여 평화로운 세상을 만들기 위해 내가 가장 관심이 가는 내용 5개를 골라 상차림을 해 봅시다.

| 예 | 공정한 임금 지불   아동 노동 착취 근절   무분별한 개발 금지
안전한 근로 여건   자원 밀반출 금지   다국적 기업의 경쟁적인 가격 낮추기
입장 바꿔 생각하기   내가 양보하기   SNS에 글 올리기   캠페인 벌이기

- 누구에게 상을 차려 주고 싶나요?

- 그 이유는 무엇인가요?

- 평화로운 상차림을 해 볼까요?

2. 다음 안내를 읽고 '세계 시민은 누구일까?' 게임을 해 봅시다.

준비물

- '세계 시민은 누구일까?' 게임 카드 18장
- 점수 토큰

| 도움 |
책 뒤의 활동지를 사용해 게임해 봅시다.

승리 조건

- 각 문장은 '세계 시민은 누구일까?'라는 질문에 대해 답하는 문장입니다.
- 총 5개의 문장 중, 3문장 이상을 완성하는 모둠이 최종 승리합니다.

게임 준비

- 카드를 잘 섞어 순서 구분 없이 책상 위에 무작위로 뒤집어 놓습니다.
- 책상 한쪽에 점수 토큰을 놓습니다.

게임 진행

❶ 가위바위보에서 이긴 모둠부터 시작합니다.
❷ 해당 차례의 모둠은 연속해서 카드 3장을 뒤집어야 하며, 뒤집을 때마다 카드에 적힌 글을 읽어야 합니다.
❸ 카드 3장을 문장 순서에 맞게 뒤집어야 합니다. 완벽한 문장 완성에 성공하면 해당 카드 3장을 얻고, 계속해서 카드를 뒤집을 수 있습니다.
❹ 카드 3장을 뒤집는 도중 문장 완성에 실패하더라도 3장을 다 뒤집어야 합니다. 완벽한 문장 완성에 실패하면, 카드를 제자리에 뒤집어 놓고 상대 모둠에 차례를 넘깁니다.
❺ 더 이상 얻을 수 있는 카드가 없으면 게임이 끝납니다. 게임에서 최종 승리한 모둠원들은 점수 토큰 1개씩을 받습니다.

주의 사항

- 모둠원들끼리 의논할 수 있습니다. 단, 카드 위치를 기억하기 위한 메모나 사진 촬영은 할 수 없습니다.
- 문장 완성에 방해되는 함정 카드가 3장 있습니다.

평화

① 게임에서 우리 모둠이 만든 문장을 써 봅시다.

② 게임에서 상대 모둠이 만든 문장 가운데 마음에 드는 문장을 써 봅시다.

③ 지금까지의 활동을 바탕으로 '세계 시민은 누구일까?'라는 질문에 내가 생각하는 답을 만들어 봅시다.

달력에서 만나는 세계 기념일

세계 평화의 날

9월 21일은 유엔이 지정한 '세계 평화의 날'입니다. 국제 평화의 날이라고 말하기도 해요. 세상에서 전쟁과 폭력이 사라지고 평화가 깃들기를 바라며 이날을 만들었습니다. 유엔은 이날을 '총성 없는 날'이라 부르기도 합니다. 단 하루만이라도 사람을 아프게 하는 폭력 행위가 지구상에서 일어나지 않기를 바라서겠지요.

서남아시아에 시리아라는 나라가 있어요. 이곳은 2011년부터 10년이 넘도록 국민들끼리 전쟁을 벌이고 있습니다. 전쟁 가운데 간신히 살아남은 사람들은 난민이 되어 전 세계를 떠돌고 있어요. 시리아의 어린이들은 태어난 이후 전쟁의 기억밖에 없겠지요. 그들에게 평화로운 세상이란 너무나 먼 이야기입니다. 전 세계를 떠도는 난민과 아직 끝나지 않은 시리아의 전쟁에 꾸준히 관심을 기울여야겠습니다.

❖ 세계 평화를 바라는 마음을 담아 티셔츠와 모자를 꾸며 봅시다.

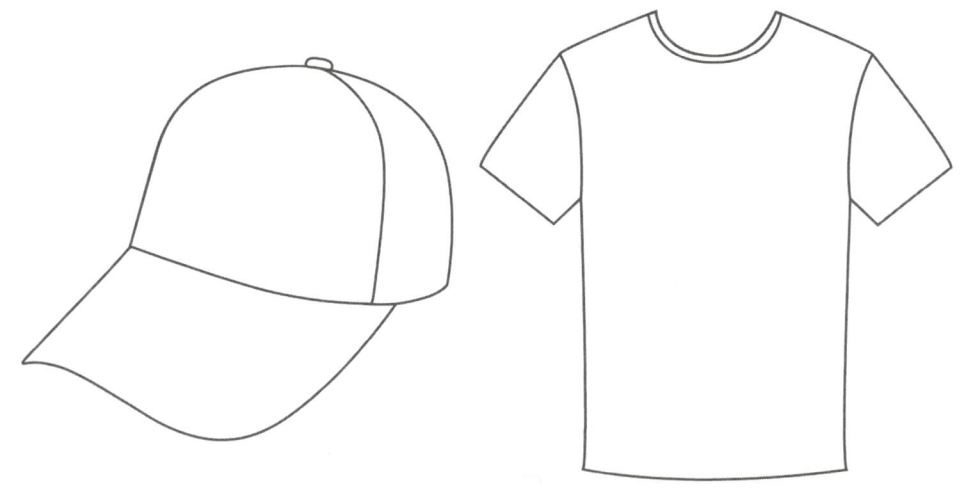

기억하기

❖ 글, 그림 등 여러 방법을 활용하여 수업에서 배운 내용을 정리해 봅시다.

사람

- 모두 잘 사는 세상을 위하여
- 배고픔과 배부름 사이에서
- 모두 건강하고 행복하게
- 나도 학교에 가고 싶어요
- 나답게, 너답게, 우리답게

사람들은 세상이 발전하면 많은 문제가 풀릴 거라고 믿고 발전을 위해 노력했어요. 그렇게 쉬지 않고 달려오면서 우리가 미뤄 둔 많은 문제가 점점 커졌습니다. 물질적으로 풍요로워졌지만 세상에는 아직도 빈곤과 기아로 고통받는 사람들이 많아요. 아파도 치료받지 못하는 사람들이 있고, 교육받지 못하고 차별받는 사람들이 있어요.

우리에게는 인종, 피부색, 성, 언어, 종교, 재산 등의 조건에 따른 그 어떤 구분 없이 그저 인간의 존엄성을 지킬 권리와 의무가 있습니다.

여기에서 우리는 인간의 존엄성을 파괴하는 문제가 무엇인지, 모든 인간이 평등하고 건강한 환경에서 살아가기 위해서 어떤 노력을 해야 하는지 알아볼 거예요.

Chapter 02

모두 잘 사는 세상을 위하여

1. 다음 SNS 게시물을 보고 댓글을 달아 봅시다.

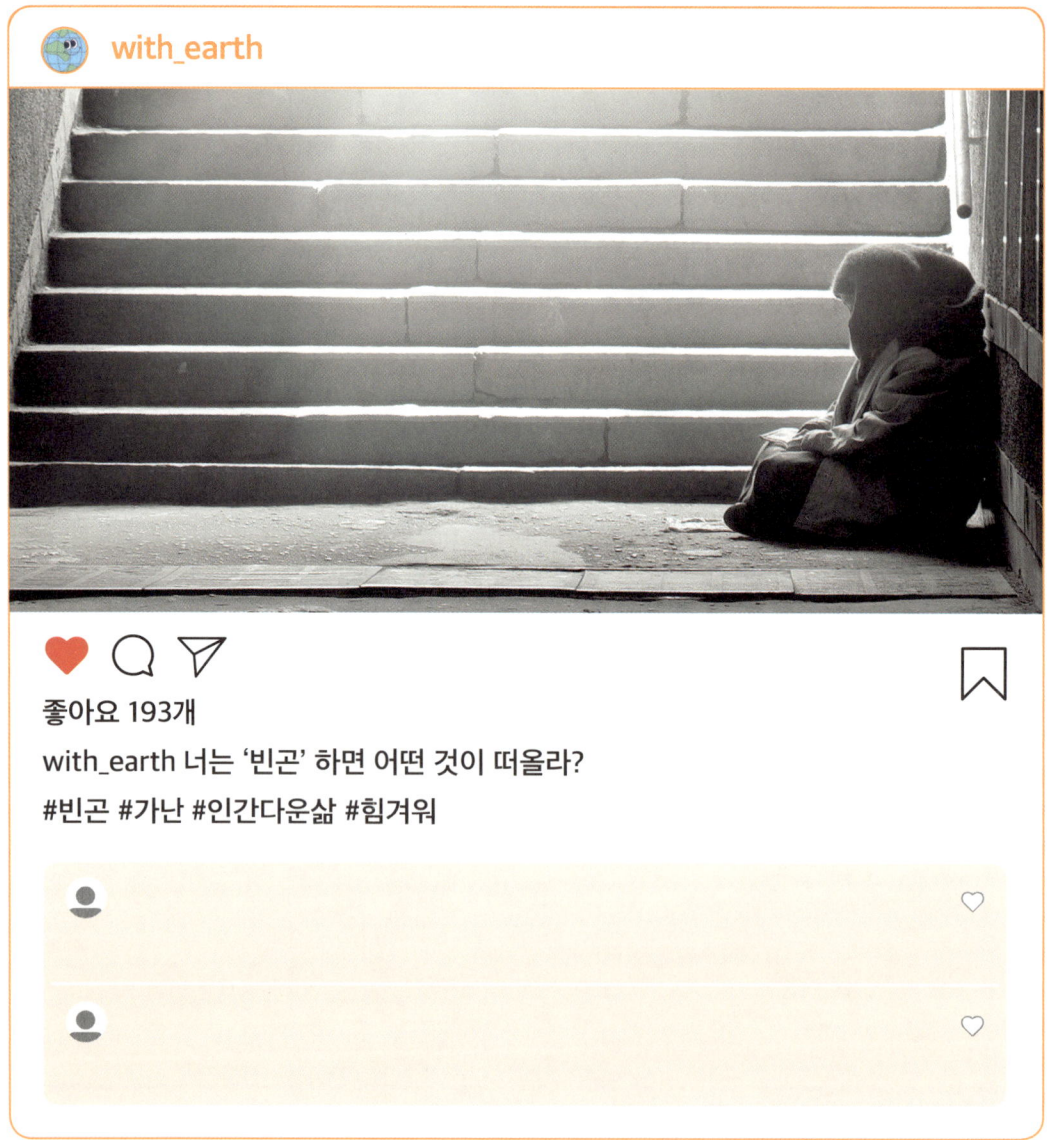

with_earth

좋아요 193개
with_earth 너는 '빈곤' 하면 어떤 것이 떠올라?
#빈곤 #가난 #인간다운삶 #힘겨워

2. 다음 만화를 보고 수업에서 무엇을 배울지 생각해 봅시다.

첫 번째 걸음 | 빈곤에 대해 알아봐요

1. 내가 생각하는 빈곤의 기준을 말해 봅시다.

2. 다음 글을 읽고 절대적 빈곤과 상대적 빈곤에 해당하는 사례를 선으로 연결해 봅시다.

> 절대적 빈곤은 사람이 최소한의 생계를 위해 필요한 것을 구입할 소득이 부족해, 사회의 도움 없이는 절대적으로 살아갈 수 없는 상태를 말합니다. 영양 부족, 질병, 단명, 높은 유아 사망률, 문맹률 등으로 나타납니다. 상대적 빈곤은 빈곤의 수준이 생활이나 건강을 해칠 정도는 아니지만, 남과 비교했을 때 의식주와 문화적인 면에서 부족하다고 느끼는 상태를 뜻합니다.

| 절대적 빈곤 | • | • | 저는 태민이에요. 친구들은 색깔별로 롱 패딩을 두세 개씩 갖고 있는데 우리 부모님은 더 사 주지 않아요. 학교에 가기 창피해요. 해외여행 다녀온 친구들이 너무 부러워요. |

| 상대적 빈곤 | • | • | 저는 하산이에요. 영양 부족으로 심각한 장애를 가지고 태어났고, 만성적인 물 부족과 식량 부족으로 힘들게 살고 있어요. 그렇지만 학교도 열심히 다니고 공부도 잘하고 싶어요. |

3. 다음은 전 세계의 빈곤 상황을 보여 주는 지도입니다. 지도를 참고하여 빈곤의 원인이 무엇일지 친구들과 이야기해 봅시다.

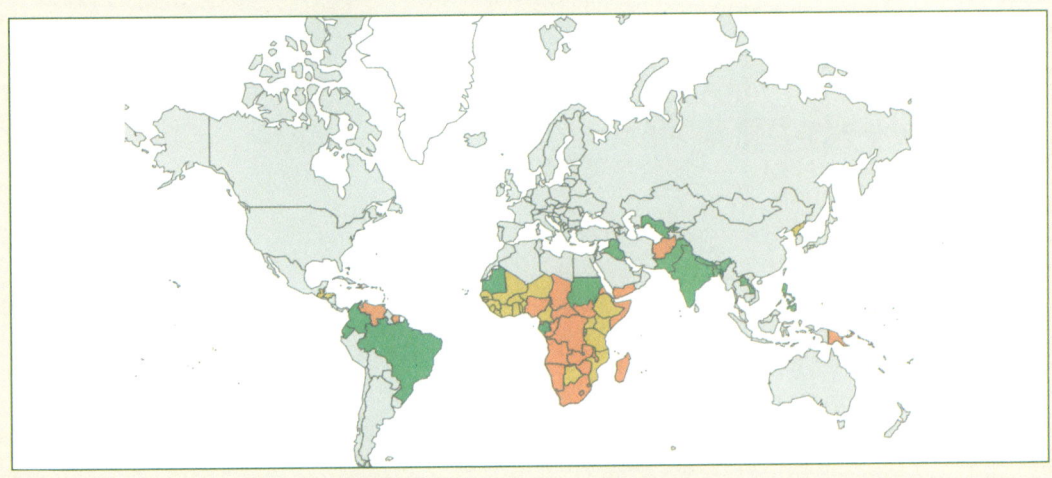

▲ : 매우 심각 : 심각 : 보통 : 3% 미만의 빈곤 　 : 데이터 없음

4. 다음 사례를 읽고 빈곤의 원인을 |보기|에서 찾아 빈칸에 써 봅시다.

학교도 못 다니고 아빠와 온종일 카카오 농장에서 일하는데 하루 임금은 1달러예요. 그래도 먹고살기 위해 계속 일해야 해요.	심각한 가뭄으로 아프리카의 음식 생산량이 많이 줄었다고 해요. 먹을 것이 없어서 수많은 사람이 굶주리고 있어요.	우리 가족은 난민이에요. 내전을 피해 국경을 넘었지만 여러 질병, 수질 오염과 영양실조로 힘들게 살고 있어요.	정부 지원금 20만 원이 월 소득의 전부여서 10년 넘게 폐지를 줍고 있어요. 온종일 모은 폐지로 번 돈은 8,000원입니다.
↓	↓	↓	↓

| 보기 |
전쟁(내전), 가난의 대물림, 불안정한 일자리, 자연재해

| 두 번째 걸음 | **빈곤 극복의 방법을 고민해요** |  |

1. 빈곤한 삶을 사는 사람들에 대해 조사하고 그 내용을 글과 그림으로 나누어 비주얼 싱킹으로 표현해 봅시다.

> **주의할 점**
>
> ❶ 최근 5년 이내 상황을 보여 주는 내용으로 조사합니다.
> ❷ 다음 물음과 같이 빈곤 상태가 구체적으로 잘 드러나게 조사합니다.
> - 어느 지역인가요?
> - 빈곤의 종류는 무엇인가요?
> - 빈곤의 이유는 무엇인가요?
> - 빈곤으로 인한 어려움은 무엇인가요?
> ❸ 지역, 계층, 인종을 특정 지어 접근하지 않도록 주의합니다.

제목	
글과 그림으로 조사 내용 정리하기	

2. 1을 바탕으로 빈곤 상황을 더 깊이 이해하고 빈곤을 극복할 방법을 고민하기 위해 월드 카페 활동을 해 봅시다.

① 1에서 조사한 내용 중 우리 모둠이 설명할 상황을 선택하고, 그 내용을 모둠 화이트보드에 정리해 봅시다.

② 다음 안내에 따라 월드 카페 활동을 해 봅시다.

> **활동 안내**
>
> ❶ 모둠장 1명을 제외한 모둠원들은 각각 옆 모둠으로 이동합니다.
> ❷ 모둠장은 옆 모둠에서 온 모둠원들에게 본인 모둠에서 조사한 내용을 설명합니다.
> ❸ 다른 모둠원들은 설명을 듣고 난 후 해당 빈곤 상황에 대한 자신의 생각, 궁금한 점, 빈곤 상황을 줄이기 위해 해야 할 일 등을 이야기하고, 포스트잇에 적어 화이트보드에 붙입니다. 그다음에 옆 모둠으로 이동합니다.
> ❹ 모둠장은 새로운 모둠원들이 오면 ❷, ❸에서 나눈 내용을 간단하게 소개한 후, 대화를 이어 갑니다. 모둠원들은 한 바퀴를 돌고 자기 모둠으로 돌아오면 됩니다.
> ❺ 모든 모둠원의 이동이 끝나면 각 모둠장은 전체 내용을 정리해서 반 친구들과 나눕니다.

③ 다른 모둠에서 설명한 빈곤 상황 중에서 무엇이 가장 기억에 남는지 그 이유와 함께 써 봅시다.

- 가장 기억에 남는 내용:

- 이유:

 세 번째 걸음

빈곤을 해결하기 위해 노력해요

1. 전 세계의 빈곤 문제를 해결하기 위해 노력하는 기관이나 사람을 분야별로 찾아보고, 이들이 어떤 일을 하는지 알아봅시다.

기관	
분야	
하는 일	

2. 다음의 희망 나무에 빈곤한 삶을 사는 사람에게 희망의 메시지를, 빈곤 해결을 위해 노력하는 사람이나 단체에는 응원의 메시지를 써 봅시다.

사람

3. 빈곤 문제를 알리고 해결하려는 마음을 모을 수 있게 트레일러를 만들어 봅시다.

활동 순서

① 트레일러에 담고 싶은 주제와 내용을 정합니다.
② 트레일러에 넣을 그림이나 사진, 배경 음악 파일을 준비합니다.
③ 트레일러 제작을 위한 스토리보드를 작성합니다.
④ 동영상 제작 프로그램을 활용하여 트레일러를 만듭니다.
⑤ 만든 트레일러를 인터넷이나 SNS에 올린 뒤 친구들에게 공유합니다.

| 도움 |
트레일러(trailer)
짧은 동영상 클립을 설명하는 용어로, 한 주제에 대한 짧은 소재, 스토리를 보여 주기 위한 목적으로 널리 사용된다.

- 담고 싶은 주제와 내용

- 스토리보드

순서	구성 화면	장면(사진, 그림, 동영상)	내용 및 자막	애니메이션 효과	배경 음악
1					
2					
3					
4					
5					

33

달력에서 만나는 세계 기념일

10/17
세계 빈곤 퇴치의 날

1987년 10월 17일, 프랑스 파리의 트로카데로 광장에 빈곤으로 고통받는 사람들 10만 명이 모였습니다. 조셉 레신스키 신부가 앞장서서 '절대 빈곤 퇴치 운동 기념비' 개막 행사를 열었기 때문인데요. 행사 중에 그들은 "가난이 있는 곳에 인권 침해가 있다. 인권 보호는 우리의 의무다."라는 문구를 비석에 새겨 넣었습니다. 1992년 유엔은 레신스키 신부의 뜻을 기리며 이날을 '세계 빈곤 퇴치의 날'로 정했습니다.

빈곤 후원 단체가 만든 광고에는 앙상하게 마른 팔다리에 배만 볼록하게 나온 어린아이가 카메라를 힘없이 바라보는 모습이 자주 등장합니다. 이런 광고는 가난한 나라에 대한 편견과 차별, 동정심을 불러일으킨다는 점에서 문제가 있습니다. 앞으로 그런 광고를 보면 후원 대상을 인권이 있는 동등한 인간으로 다루고 있는지 생각해 보세요.

❖ 세계 빈곤 퇴치의 날을 홍보하는 어깨띠를 만들어 봅시다.

기억하기

❖ 글, 그림 등의 방법을 활용하여 수업에서 배운 내용을 정리해 봅시다.

Chapter 02

배고픔과
배부름 사이에서

1. 다음 SNS 게시물을 보고 댓글을 달아 봅시다.

with_earth

좋아요 130개

with_earth 너희는 하루 동안 남기거나 버리는 음식이 얼마나 돼?
#기아 #음식물이쓰레기라니 #한쪽은남고한쪽은부족하고

2. 다음 만화를 보고 수업에서 무엇을 배울지 생각해 봅시다.

37

| 첫 번째 걸음 | **어린이의 식사를 살펴요** |

1. 다음 글을 읽고 영양실조에 대해 알아봅시다.

> 영양실조에 걸린 어린이라는 말을 들으면 먹을 것이 없어서 너무나 야윈 어린이의 모습을 상상하게 됩니다. 그러나 반드시 그렇지는 않습니다. 어린이들의 영양실조는 크게 4가지로 나뉩니다. 영양 결핍으로 나이보다 키가 기준치 이하인 '발육 부진', 아주 마르고 키에 비해 저체중인 '체력 저하', 나이보다 몸무게가 기준치 이하인 '저체중' 그리고 몸무게가 과도한 '과체중'이 모두 영양실조 때문에 나타나는 현상입니다.
>
> 2021년 유니세프와 세계보건기구의 조사에 따르면, 영양 불균형으로 전 세계의 5세 미만 과체중 어린이가 3,800만 명에 이르고, 발육 부진 어린이는 1억 4,920만 명, 체력 저하인 어린이는 4,540만 명에 이릅니다. 체력 저하의 영향을 받는 전체 어린이의 절반 이상이 아시아 지역에 살고 있으며, 심각한 체력 저하로 고통받는 전체 어린이의 4분의 3 이상도 그곳에서 살아갑니다.

① 영양실조의 4가지 종류가 무엇인지 정리해 봅시다.

② 다음 단어 카드에는 어린이의 영양 결핍을 일으키는 원인 중 몇 가지가 쓰여 있습니다. 왜 이것이 영양 결핍의 원인이 되는지 친구들과 이야기해 봅시다.

| 자연재해 | 코로나19 | 범죄 증가 |

2. 다음은 세계식량계획의 학교 급식 프로그램에 참여하는 어린이들의 모습입니다. 사진을 보고 학교 급식의 필요성에 대해 생각해 봅시다.

① 어린이들의 표정이 어떤지, 왜 이런 표정을 짓고 있을지 말해 봅시다.

② 전쟁, 빈곤, 자연재해의 상황에 처한 나라에서 학교 급식을 실시하면 어떤 효과가 있을지 추측해 봅시다.

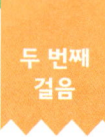

두 번째 걸음 — 식량에 관한 세계의 상황을 알아요

1. 국가의 전체 인구 중 영양 부족을 겪는 사람의 비율에 따라 각 국가를 색으로 구분한 다음 지도를 보고, 세계의 기아 상황을 파악해 봅시다.

① 영양 부족을 겪는 비율이 35% 이상인 나라가 어디인지 확인해 봅시다. 그중 한 나라를 선택해 어떤 상황에 처해 있는지 조사해 봅시다.

② 대한민국처럼 영양 부족을 겪는 비율이 2.5% 이하인 나라에서 식량과 관련해 겪는 문제가 무엇인지 알아봅시다.

2. 다음은 생산지에서 버려지는 식량이 전 세계에 미치는 영향을 조사한 세계 자연기금 보고서의 일부입니다. 자료를 읽고 제시된 물음에 답해 봅시다.

매년 생산지에서 버려지는 식량의 양으로, 대왕고래 1,000만 마리의 무게에 해당해요. 영양실조에 걸린 8억 7,700만 명이 지금보다 4배 이상을 먹을 수 있는 양이에요.

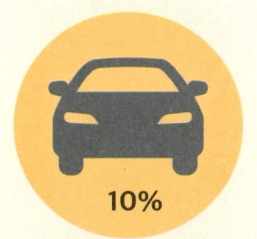

전 세계 온실가스 배출량 중 음식물 쓰레기 때문에 생기는 온실가스의 비율이에요. 미국과 유럽에서 1년간 생기는 자동차 온실가스의 양보다 2배 정도 높아요.

매년 버려지는 식량을 생산하기 위해 사용되는 토지의 면적이에요. 인도 대륙보다 더 커요. 식량을 생산하지 않으면 여기에 야생 동물이 살 수 있어요.

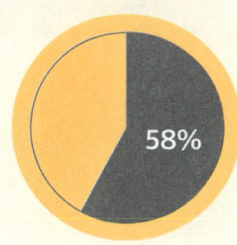

전 세계 수확 폐기물의 58%는 유럽, 북미, 산업화된 아시아 국가에서 생겨요. 이 국가들의 인구는 전 세계 인구의 37%에 불과해요.

생산지에서 버려지는 식량이 줄어들면 어떤 문제들이 나아질 수 있을까?

세 번째 걸음 우리가 할 일을 찾아요

1. 대한민국 어린이·청소년의 건강 검사 자료를 분석한 다음 자료를 살펴봅시다. 그리고 균형 잡힌 식사를 하기 위한 나의 다짐을 적어 봅시다.

초중고생 비만율·고도 비만율

비만	11.6	11.6	11.2	13.2
고도 비만	0.8	0.8	0.8	1.1
	2006	2007	2008	2009 (년)

주 1회 이상 라면 섭취율

- 초등학생 75.6
- 중학생 85.4
- 고등학생 77.7

(단위: %)

나의 다짐

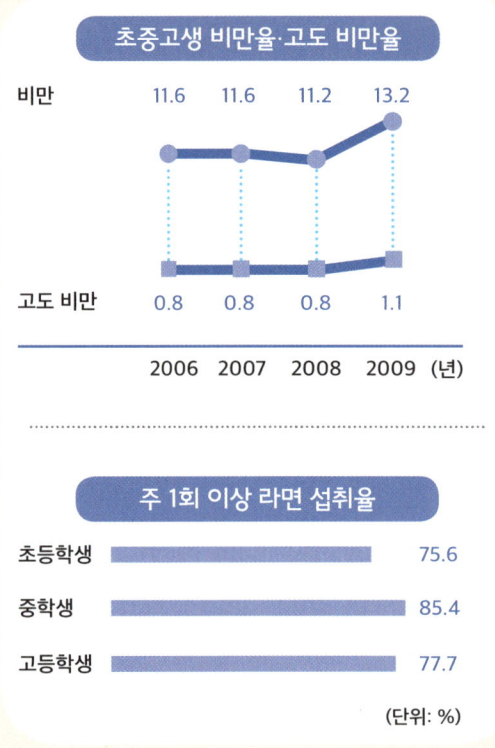

2. 음식물 낭비를 막기 위해 우리가 할 수 있는 일을 작성해 봅시다.

- ☐ 뷔페에 가면 먹을 것만 담아 와요.
- ☐ 식당에서 음식이 남으면 포장해서 집으로 가져와요.
- ☐ 빈속으로 음식을 사러 가지 않아요. 충동구매를 하기 쉬우니까요.
- ☐ 남은 음식에 라벨을 붙여 냉동실에 넣어요. 잊지 말고 꼭 먹어요.
- ☐
- ☐

사람

3. 우리의 하루를 되돌아보며 친구들과 함께 주사위 놀이를 해 봅시다.

출발 → 	기아 문제를 해결하기 위한 국제적 노력에 대해 알아본다. **앞으로 2칸 »**	**퀴즈** ――― 음식물 낭비를 막기 위해 우리가 할 수 있는 일은?	균형 잡힌 식생활을 하기 위해 노력한다. **앞으로 3칸 »**	**퀴즈** ――― 우리가 버리는 음식물 쓰레기 처리 과정에서 온실가스가 발생한다. (O, X)
기아 해결을 위한 캠페인을 찾아 참여한다. **앞으로 1칸 «**				**앞으로 1칸 »**
퀴즈 ――― 남은 음식에 라벨을 붙이면 좋은 이유는 무엇일까?	 **기아 해결 주사위 놀이** ① 빈칸의 내용을 여러분이 만들고 게임을 시작하세요. 앞으로 가라는 지령이 적힌 칸에는 기아 해결에 도움이 되는 내용을, 뒤로 가라는 지령이 적힌 칸에는 기아 해결에 도움이 되지 않는 내용을 쓰면 됩니다. ② 주사위를 던져 나온 숫자대로 말을 움직입니다. ③ 칸에 제시된 내용을 크게 읽고 지령에 따라 앞이나 뒤로 움직입니다. 지령에 따라 한 번 이동한 후 말은 움직이지 않습니다. ④ 퀴즈 칸에 도착하면 퀴즈를 풉니다. 풀지 못하면 원래 있던 자리로 돌아갑니다. ⑤ 다음 사람이 주사위를 던져 같은 방법으로 게임을 진행합니다. ⑥ 출발점으로 먼저 들어오는 사람이 이깁니다.			**퀴즈** ――― 영양이 극도로 부족한 상태를 뜻하는 말로, 굶주림의 다른 말은?
지속 가능한 농업에 관한 영화를 보고 감상문을 쓴다. **앞으로 1칸 «**				**퀴즈** ――― '과체중'도 영양실조 때문에 나타나는 현상이다. (O, X)
퀴즈 ――― '기아 해결'로 4행시를 지어 보자!				되도록 자기 나라에서 생산된 식재료로 음식을 만들어 먹는다. **앞으로 1칸 »**
세계 여행 주사위를 굴려 나온 수만큼 앞으로 이동하세요.		**퀴즈** ――― 균형 잡힌 나만의 한 끼 저녁 식단을 짜 보자!	전쟁과 빈곤으로 굶주리는 어린이들을 돕는 일에 참여한다. **앞으로 2칸 «**	**무인도** 다음 차례 때 1번 쉬어 가세요.
		뒤로 2칸 »		

달력에서 만나는 세계 기념일

세계 식량의 날

　10월 16일은 유엔식량농업기구가 정한 '세계 식량의 날'입니다. 이날은 많은 사람에게 식량에 관한 문제뿐 아니라, 농업 정책, 영양분 공급, 기후 변화에 따른 식량 문제 등을 널리 알리고 인식을 개선하기 위해 만들어졌습니다.

　'기아', '영양 부족'은 우리와 거리가 먼 단어로 들리기 쉽습니다. 하지만 몇십 년 전까지만 해도 대한민국은 전쟁으로 굶주리는 나라였어요. 국제 사회에서 원조를 받고 스스로 식량을 생산하려고 노력한 결과, 1984년에야 '빈곤 종식'을 선언할 수 있었지요. 한편 기후 변화, 세계적인 전염병 유행 등의 원인으로 앞으로 식량 문제가 더 커질 수 있어요.

❖ 식량난 해결을 요구하는 내용의 핸드폰 배경 화면을 만들어 봅시다.

기억하기

❖ 글, 그림 등의 방법을 활용하여 수업에서 배운 내용을 정리해 봅시다.

Chapter 02

모두 건강하고 행복하게!

1. 다음 SNS 게시물을 보고 댓글을 달아 봅시다.

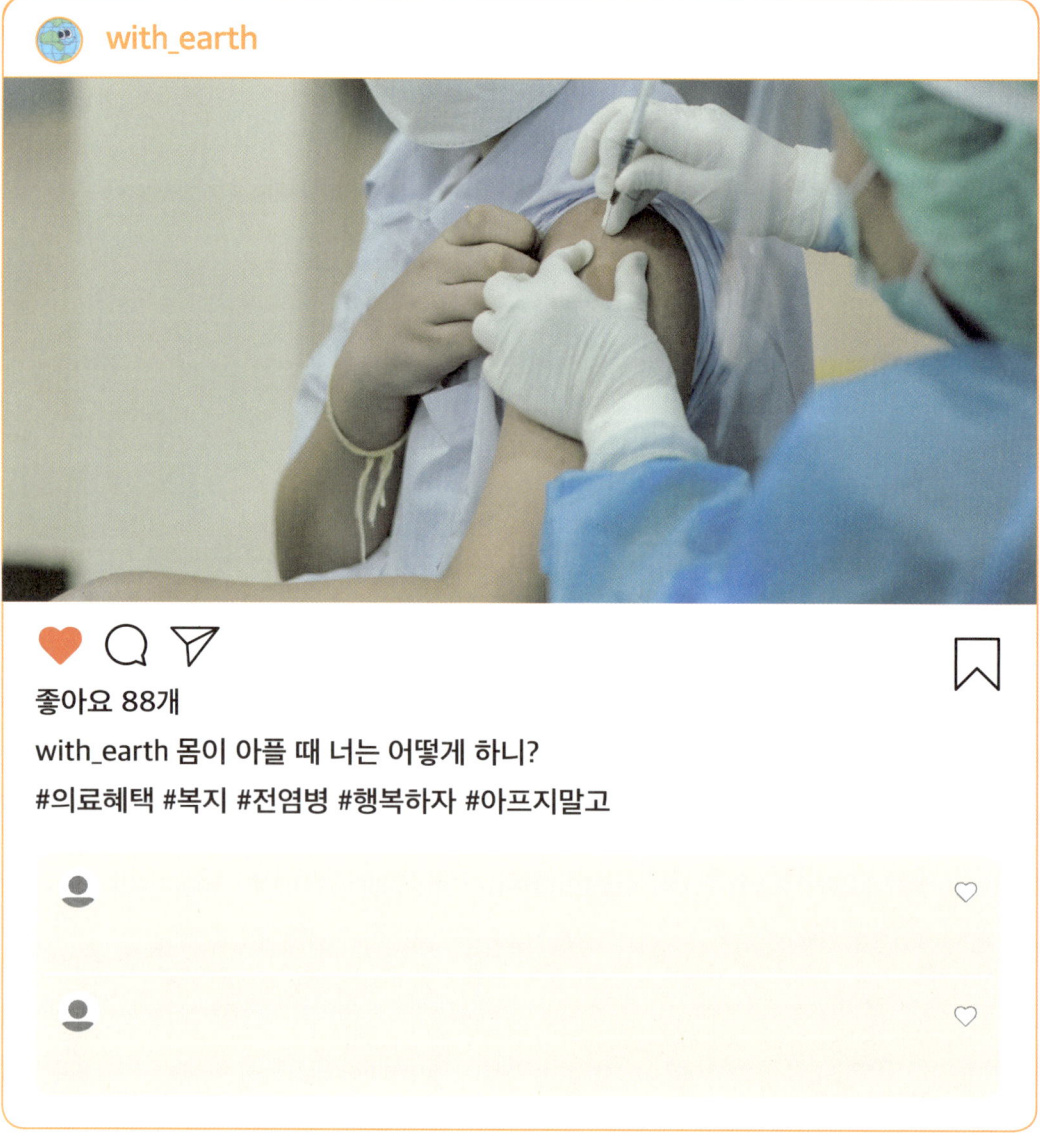

with_earth

좋아요 88개
with_earth 몸이 아플 때 너는 어떻게 하니?
#의료혜택 #복지 #전염병 #행복하자 #아프지말고

2. 다음 만화를 보고 수업에서 무엇을 배울지 생각해 봅시다.

| 첫 번째 걸음 | **세계의 의료 서비스에 대해 살펴요** |

1. 열차 병원 펠로페파에 대해 쓴 글을 읽고 제시된 활동을 해 봅시다.

안녕! 나는 열차 병원, 펠로페파야. 난 남아프리카 공화국(남아공)이라는 나라에 살고 있어. 내 이름에는 '건강'이라는 뜻이 담겨 있지. 난 남아공 사람들의 건강을 책임지는 병원의 역할을 해. 병원이 없는 여러 마을을 돌아다니면서 사람들이 의사의 진료를 받을 수 있게 도와주고 있어.

내가 사는 남아공은 의료 기술이 매우 뛰어난 나라야. 그런데 왜 나 같은 열차 병원이 필요할까? 왜냐하면 병원이 도시 지역에만 몰려 있기 때문이야. 그래서 도시에 살지 않는 사람들이 아플 땐 몇 날 며칠을 병원이 있는 도시로 찾아가야 해. 아픈 것도 힘든데 멀리 이동해야 한다니 너무 속상하잖아. 그래서 내가 탄생했지.

나에겐 소원이 있어. 마을마다 병원이 생겨서 내가 더는 철길을 달리지 않는 거야. 남아공의 모든 사람이 건강하고 행복하게 살길 바라는 내 간절한 바람이 꼭 이루어지면 좋겠어!

① 펠로페파가 생긴 이유를 말해 봅시다.

② 펠로페파의 소원이 무엇인지, 그리고 그 이유가 무엇인지 써 봅시다.

2. 2020년은 코로나19가 대유행하여 인간의 생명을 위협한 해입니다. 이때 미국에서 벌어진 일에 대해 알아봅시다.

① 다음 통계가 의미하는 내용이 무엇인지 생각해 봅시다.

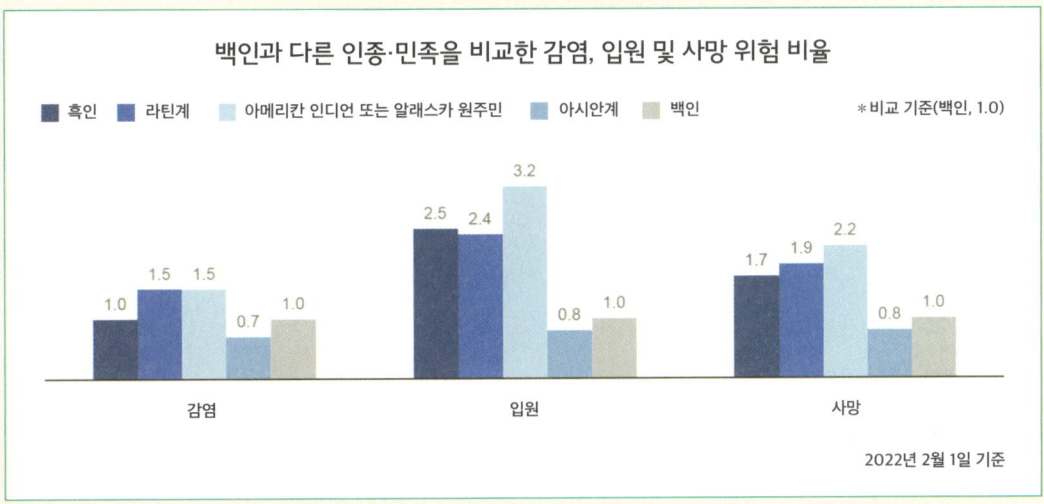

② 다음 생각 그물을 참고하여 미국에서 코로나19로 흑인, 원주민, 라틴계 사람의 사망률이 백인보다 높은 이유를 짐작해 봅시다.

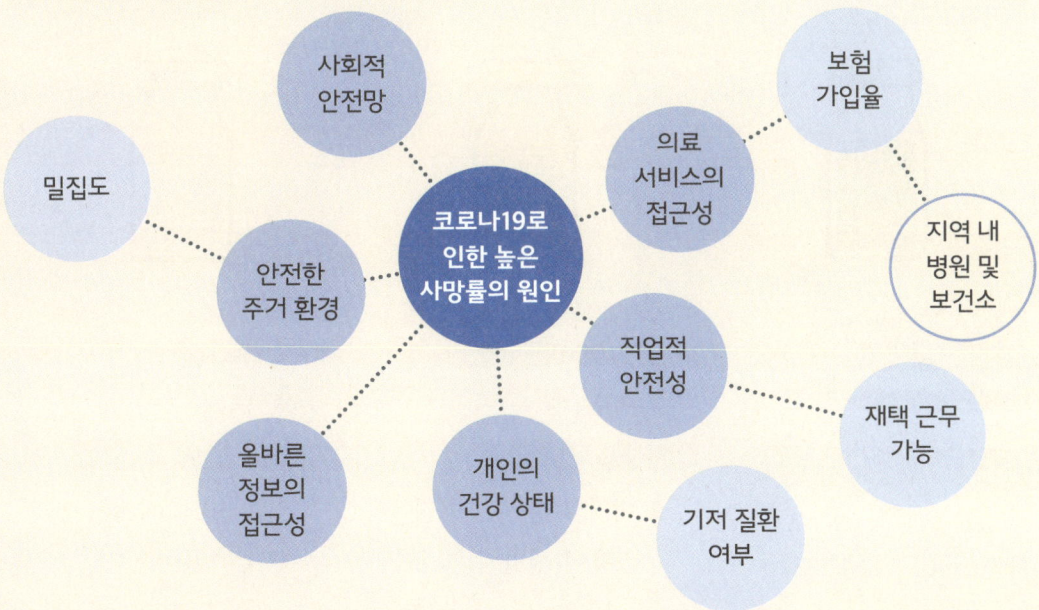

두 번째 걸음: 누가 백신을 맞을지 상의해요

❖ 다음 방법을 읽고 '백신을 구하라!' 게임을 해 봅시다.

게임 방법

❶ 각 모둠은 하나의 나라가 되며, 각 나라에는 국민 6명이 살고 있습니다.
❷ 모둠별로 나라 카드를 뽑습니다.
❸ 나라 카드 뒷면에서 나라가 가진 돈을 확인합니다.
❹ 나라별로 가진 돈으로 백신을 삽니다.
❺ 백신 생산국인 A 나라는 가장 먼저 백신을 살 기회를 얻습니다.
❻ 이후 순서는 B, C, D, E 나라 순서로 진행합니다. 각 나라는 백신 생산국이 백신을 사는 동안, 어떤 백신 몇 개를 살지 상의합니다.

| 도움 |
책 뒤의 활동지를 사용해 게임해 봅시다.

초록 백신	노랑 백신	파랑 백신
가격: 1,000원	가격: 500원	가격: 300원
수량: 8개	수량: 10개	수량: 14개
예방율: 95%	예방율: 80%	예방율: 62%
	※ 개인의 상황에 따라 부작용이 생길 수 있음.	※ 5명 중 1명에게는 심각한 부작용이 생김.

① 각 나라가 어떤 종류의 백신을 얼마나 확보했는지 정리해 봅시다.

나라	초록 백신	노랑 백신	파랑 백신
우리 모둠의 나라			
(　　　) 나라			
(　　　) 나라			
(　　　) 나라			
(　　　) 나라			

② 각 나라에서 역할 카드를 뽑은 뒤 누구에게 어떤 백신을 맞힐 것인지 상의해 봅시다. 그 결과와 그렇게 정한 이유를 다음 표에 자세히 적어 봅시다.

역할	접종 백신	이 백신으로 정한 이유
의사		
임산부		
범죄자		
회사원		
대통령		
기저 질환 노인		

세 번째 걸음 모든 사람이 건강할 수 있는 방법을 찾아요

❖ 다음 방법을 읽고 '백신을 구하라!' 2차 게임을 해 봅시다.

게임 방법

❶ 백신 기술이 향상되어 모든 백신의 효과가 같아졌습니다. 이에 따라 백신의 종류가 하나로 통일되었습니다.

❷ 나라에서 가진 돈 안에서 백신을 자유롭게 살 수 있습니다. 이때 각 나라는 지구촌의 모든 사람이 최대한 백신을 맞을 수 있는 방법을 찾아 백신을 확보합니다.

❸ 백신 개발국인 A 나라가 백신을 가장 먼저 사고, 이어서 B, C, D, E 나라 순서로 삽니다.

① 각 나라가 백신을 얼마나 확보했는지 정리해 봅시다.

나라	백신 확보량
우리 모둠의 나라	
( ) 나라	
( ) 나라	
( ) 나라	
( ) 나라	

가격: 500원
수량: 32개

52

② 다음 목표를 이루려면 어떤 방법을 써야 할지 이야기해 봅시다.

세계인의 목표
모든 사람이 건강하고 행복하도록!

자기 나라 사람이 모두 접종하기 위한 방법	
전 세계 사람이 모두 접종하기 위한 방법	

③ 게임을 하면서 새롭게 알게 된 점, 느낀 점을 나누어 봅시다.

_____
_____
_____
_____

달력에서 만나는 세계 기념일

세계 보건의 날

4월 7일은 '세계 보건의 날'입니다. 전 세계 모든 사람이 건강한 삶을 누릴 수 있도록 보건 의식을 심어 주고, 보건 의료 및 복지 분야에서 다양한 활동을 해 나가려는 목적으로 이날을 만들었습니다.

경제 성장으로 많은 사람이 더 나은 삶을 누리게 되었지만, 전 세계에 발생한 코로나19로 보건 분야에 큰 위기가 닥쳤습니다. 코로나19는 가장 가난하고 소외된 집단과 사회의 사람들에게 더 가혹하고 위험했습니다. 사람이라면 누구나 인종, 종교, 정치적 신념, 경제적 또는 사회적 조건의 구별 없이 건강한 삶을 누릴 권리가 있습니다. 세계보건기구가 말한 이 원칙을 기억해 주세요.

❖ 1년 동안 건강한 학교생활을 하기 위해 필요한 내용을 친구들과 함께 이야기하고 '건강한 학교생활 지침서'를 만들어 봅시다.

건강한 학교생활 지침서

기억하기

❖ 글, 그림 등의 방법을 활용하여 수업에서 배운 내용을 정리해 봅시다.

Chapter 02

나도 학교에 가고 싶어요

1. 다음 SNS 게시물을 보고 댓글을 달아 봅시다.

with_earth

좋아요 633개

with_earth 너는 학교가 필요하다고 생각하니? 그 이유는 뭐야?
#교육 #학교 #교육의필요성 #원격수업쉽지않다

2. 다음 만화를 보고 수업에서 무엇을 배울지 생각해 봅시다.

| 첫 번째 걸음 | 왜 교육을 받아야 하는지 생각해요 |

1. 다음 뉴스를 보고 말랄라 유사프자이에 대해 알아봅시다.

> 2012년 10월 9일, 파키스탄에서 들려온 뉴스입니다.
> 말랄라 유사프자이라는 16살 소녀가 탈레반의 총에 이마를 맞았다고 합니다. 말랄라가 사는 스와트 계곡은 파키스탄 북부의 산악 지역입니다. 이슬람 극단주의인 무장한 탈레반은 이곳을 점령하고, 현대화된 서구식 교육과 문명을 반대하며, 이슬람 근본주의 원리에 따라 주민들을 억압하고 처형하고 있습니다. 말랄라는 마을에서 일어나는 일들을 블로그에 올려 탈레반을 비판하고, 여자아이들도 학교에 갈 권리가 있다고 주장하던 학생입니다. 탈레반이 학교를 파괴하는 현실, 탈레반의 공격으로 공포에 사로잡힌 마을, 전 세계의 주목이 필요한 때입니다.

① 말랄라에게 어떤 일이 벌어졌는지 정리해 봅시다.

② 말랄라가 2013년 청소년 유엔 총회에서 한 다음 말을 참고하여, 목숨의 위협을 받으면서도 말랄라가 학교에 가기 위해 노력한 이유를 말해 봅시다.

우리 모두 책과 펜을 집어 듭시다. 그것이야말로 가장 강력한 무기입니다. 학생 한 사람, 교사 한 사람, 책 한 권, 펜 한 자루가 세상을 바꿀 수 있습니다.

2. 어린이가 교육받을 권리에 대해 명시한 다음 조항을 참고하여, 교육의 의미에 대해 생각해 봅시다.

> 대한민국 헌법 제31조
> 1항 모든 국민은 능력에 따라 균등하게 교육을 받을 권리를 가진다.
> 2항 모든 국민은 그 보호하는 자녀에게 적어도 초등 교육과 법률이 정하는 교육을 받게 할 의무를 진다.
>
> 유엔 아동의 권리에 관한 협약 제29조
> 교육은 아동의 인격 및 재능, 정신적, 신체적 능력을 최대한 개발하는 방향으로 행해져야 하며, 아동들이 모든 관계에 있어 이해와 평화, 관용, 평등, 우정의 정신에 입각해 책임 있는 삶을 준비해 나가도록 행해져야 한다.

① 나는 어떤 교육을 받고 있는지 써 봅시다.

② 교육을 받는다는 것은 나에게 어떤 의미인지 정리해 봅시다.

③ '유엔 아동의 권리에 관한 협약 제29조'에서 말하는 '책임 있는 삶'을 살기 위해 필요한 교육을 떠올려 봅시다.

두 번째 걸음 | 학교에 가지 못하는 아이들을 만나요

1. 다음 글을 읽고 아동 노동의 현황과 원인에 대해 알아봅시다.

> 유니세프와 국제노동기구는 2021년에 펴낸 『아동 노동 관련 보고서』에서 지난 4년간 아동 노동 인구가 840만 명 증가했고, 수백만 명이 학교 대신 일터에 나가면서 아동 노동 인구가 1억 6,000만 명에 이른다고 밝혔습니다. 이는 5~17세 연령대 아동의 9.6%에 달하는 규모입니다.
>
>
>
> 국제노동기구는 특히 만 5~11세의 아동 노동이 뚜렷이 늘고 있으며, 이들이 전체 아동 노동에서 차지하는 비중이 절반을 넘어선 것에 우려를 표했습니다. 또한 2016년 이후 5~17세 어린이와 청소년 중에서 건강·안전·도덕에 해를 끼치는 위험한 일을 하는 이들의 수가 650만 명 늘어나, 그 총수가 전체 아동 노동의 49.4%에 달하는 7,900만 명에 이르렀다고 밝혔습니다.

① 어린이가 학교에 가지 못하고 일하는 원인이 무엇인지 생각해 봅시다.

② 어린이가 학교에 가지 않고 일하면 어떤 문제가 생길지 추측해 봅시다.

사람

2. 다음 그림에서 학교에 가지 못하고 일하는 아이를 찾아 학교로 가게 합시다.

61

| 세 번째 걸음 | **내일의 학교를 고민해요** |  |

1. 다음 글을 읽고 코로나19로 멈춰 버린 교육을 뒤돌아봅시다.

2021년 3월 유니세프는 전 세계적으로 퍼진 교육 위기를 강조하고, 각국 정부가 학교 개학에 대한 경각심을 느끼도록 168개의 책상과 의자로 이뤄진 '코로나19 대유행 교실'을 유엔 본부 잔디밭에 설치했습니다. 168개의 텅 빈 책상과 의자는 학교가 폐쇄되어 1년 가까이 학교에 가지 못하는 1억 6,800만 명의 어린이들을 상징합니다.

헨리에타 포어 유니세프 총재는 "코로나19가 1년 가까이 지속되면서 전 세계 교육이 위기입니다. 매일 학교에 갈 수 없는 어린이는 학습에서 뒤처지기 쉽고, 소외 계층 어린이가 학교 밖에서 겪는 위험 요인들은 더욱 다양해졌습니다. 2년째 교육이 제한되는 상황을 보고만 있을 순 없습니다. 학교를 다시 열기 위해 노력해야 합니다. 다시 학교에 아이들이 올 수 있는 계획들을 우선으로 고려해야 합니다."라고 강조했습니다.

① 코로나19가 전 세계 어린이 교육에 영향을 끼친 영향을 생각해 봅시다.

② 전 세계의 어린이가 동등하게 교육을 받을 수 있도록 국가나 국제기관에서 어떤 노력을 하고 있는지 조사해 봅시다.

2. 다음 목표를 반영한 '모두를 위한 학교'를 친구들과 함께 구상해 봅시다.

> 모두를 위해 아동, 장애, 성별을 배려한 교육 시설을 건축하고 개선하며, 안전하고 비폭력적이며, 포용적이고 효과적인 학습 환경을 제공한다.

① 우리 학교의 구석구석을 떠올려 보고, 제시된 목표에서 부족한 점이 있는지 살펴봅시다.

② ①에서 살핀 점을 어떻게 고치면 좋을지 이야기해 봅시다.

③ 모두를 위한 학교의 모습을 그려 봅시다.

달력에서 만나는 세계 기념일

세계 아동 노동 반대의 날

전 세계적으로 1억 6,800만 명이 넘는 아동이 일하고 있습니다. 그들 중 절반 이상이 자신의 건강과 안전을 위험에 빠뜨리는 일을 하며 살아갑니다. 국제노동기구는 전 세계적 관심을 끌어올려 아동 노동 문제를 해결하기 위해, 6월 12일을 '세계 아동 노동 반대의 날'로 제정했습니다.

국제노동기구는 2014년부터 'Red card to child labour' 캠페인을 진행하고 있습니다. 아동 노동을 반대한다는 뜻의 빨간색 카드를 들고 서 있는 사진을 SNS에 올리는 캠페인입니다. 캠페인에 참여하면 전 세계 어린이들이 새로운 출발을 하도록 도울 수 있습니다.

❖ 국제노동기구 사이트에 들어가서 빨간색 카드 이미지를 내려받으세요. 영상을 제작해서 올릴 수도 있습니다. 우리도 캠페인에 참여해 봅시다.

기억하기

❖ 글, 그림 등의 방법을 활용하여 수업에서 배운 내용을 정리해 봅시다.

Chapter 02

나답게, 너답게, 우리답게

1. 다음 SNS 게시물을 보고 댓글을 달아 봅시다.

with_earth

좋아요 222개

with_earth 내가 여자 또는 남자라서 불공평한 일을 겪은 적이 있어?
#성 #성차별 #성평등 #모두가행복하게

2. 다음 만화를 보고 수업에서 무엇을 배울지 생각해 봅시다.

첫 번째 걸음: 여자, 남자 구분 짓지 말아요

1. 다음 글을 보고 우리 주변에 있는 픽토그램을 살펴봅시다.

> 남녀의 성 역할을 고정 관념화하기 쉬운 픽토그램을 떠올려 봅시다. 지하철이나 버스의 배려석에 부착된 어린이 동반자 우대석 픽토그램, 기저귀 교환대나 에스컬레이터 앞에서의 어린이 보호를 지시하는 픽토그램 등에서 보호자를 치마 입은 사람으로 묘사하는 것을 자주 봅니다.
>
> 이는 여성을 떠올리게 하는 것으로, 육아가 여성의 몫이라는 성 역할 고정 관념을 은연중에 심어 줄 수 있습니다. 이에 따라 사람의 성별이 드러나지 않는 새로운 픽토그램을 제정해 공공시설에 활용해야 합니다.

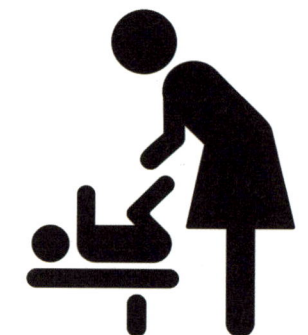

① 이 글에 제시된 픽토그램에 어떤 문제점이 있는지 말해 봅시다.

② 주변에 성 차별적 픽토그램이 있는지 찾아봅시다.
- 어떤 내용인가요?
- 어디에서 주로 볼 수 있나요?
- 픽토그램을 보고 어떤 생각이 드나요?

③ ②에서 찾은 픽토그램을 성평등한 픽토그램으로 바꿔 봅시다.

2. '여자답다'와 '남자답다'라는 말이 적절한지 생각해 봅시다.

① 왼쪽의 단어를 오른쪽의 두 항목 중에 더 가깝다고 생각하는 쪽으로 연결해 봅시다.

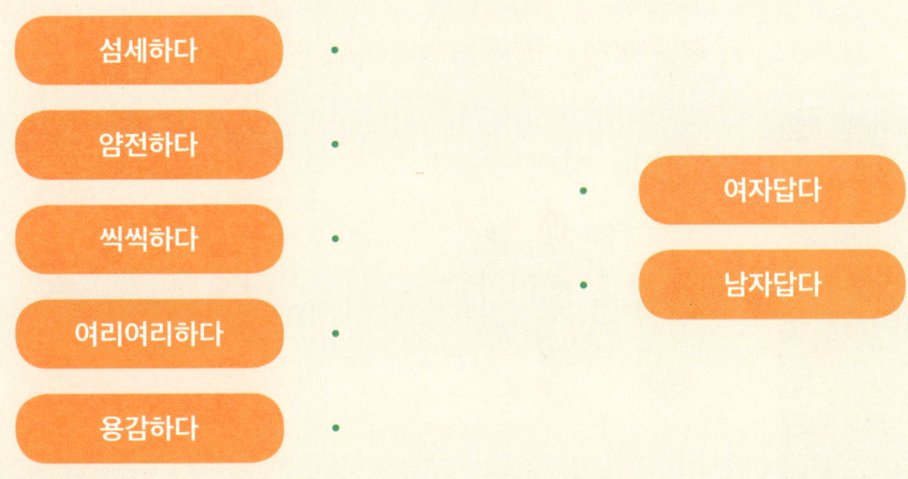

② ①에서 연결한 것이 바뀔 수 있을지 생각하고, 그렇게 생각한 이유를 예를 들어 설명해 봅시다.

③ 흔히 '여자답다'와 '남자답다'로 표현되는 특징이 나의 성별에 따라 일치하는지 떠올려 봅시다.

④ 나 자신에게 '나답다'라고 표현한다면 어떤 말로 표현할지, 그 이유와 함께 써 봅시다.

두 번째 걸음 — 성 역할에 대한 고정 관념을 바꿔요

1. 다음 사례에서 성 역할에 대한 고정 관념이 바뀌고 있는 것을 살펴봅시다.

	「빌리 엘리어트」	「메리다와 마법의 숲」
작품		
주제	남성성에 대한 강요와 열악한 환경 속에서도 꿈을 지켜 낸 소년의 이야기	스스로 운명을 바꾸고 왕국을 구하려는 용기 있는 공주의 마법 같은 이야기
주인공의 상황	자신이 권투보다 발레에 소질이 있다는 걸 깨닫고 소녀들 사이에서 발레를 배우면서 왕립 발레단의 수석 무용수로 성장한다.	드레스와 구두보다 말 타고 활 쏘는 것을 좋아하는 장난꾸러기이지만, 마법으로 곰이 된 어머니의 마법을 풀고 왕국을 구한다.
주변 인물의 반응	빌리의 아버지는 아들이 발레를 배우는 것이 탐탁지 않았지만 결국 빌리의 성공에 박수를 보낸다.	메리다의 어머니는 메리다가 우아한 공주가 되기를 바라 공주 수업을 받기를 강요한다.

① 성차별적으로 생각하는 인물을 찾고 그에 대한 내 생각을 말해 봅시다.

② 여성과 남성의 성별이나 역할에 대한 관점이 변하고 있는 부분을 찾아봅시다.

사람

2. 1을 바탕으로 |보기|를 참고하여 우리에게 필요한 성평등한 생각을 써 봅시다.

> |보기|
> 체육 시간에 성별에 따라 운동 종목을 나누지 말고, 각자가 원하는 운동을 선택해서 할 수 있게 해요!

- _____

- _____

3. 2에서 쓴 성평등한 생각을 4컷 만화로 표현해 봅시다.

71

| 세 번째 걸음 | **성평등을 실천해 나가요** |  |

1. 우리 집의 집안일이 공평하게 이루어지고 있는지 되돌아봅시다.

① 우리 집에서 하는 집안일을 떠올리고, 그 일을 구성원 중 누가 하고 있는지 제시된 |예|를 참고해서 정리해 봅시다.

② 친구들과 함께 각자의 집에서 집안일을 공평하게 나눴는지 이야기해 봅시다.

③ ②를 바탕으로 집안일을 공평하게 나눠 봅시다.

사람

2. 성평등 실천을 다짐하는 온라인 릴레이 활동을 해 봅시다.

① 다음 |예|를 참고하여 성평등을 실천하기 위한 서약서를 만들어 봅시다.

| 예 |
성평등 실천 다짐

약속합니다!
성평등한 세상을
만들기 위해
집안일을 가족 모두
함께하겠습니다.

202○. ○○. ○○.
서약자 ○○○

② 성평등 실천 다짐을 위한 서약서와 서약서를 만든 소감을 공동 아이디어 보드에 올리고, 친구들이 올린 서약서에 댓글을 남겨 봅시다.

③ ①, ②의 내용을 인터넷이나 SNS에 올려 온라인 릴레이 활동을 해 봅시다.

해시태그
#세상을바꾸는성평등 #사람을살리는성평등

태그할 친구
@
@

참여 문구

73

달력에서 만나는 세계 기념일

03/08
세계 여성의 날

'세계 여성의 날'은 세계 여성의 지위 향상을 위한 날로, 1908년 3월 8일 미국의 여성 노동자들이 일하는 환경을 더 낫게 바꿔 줄 것과 투표에 참여할 권리인 참정권 등을 요구하면서 시위를 벌인 것에서 시작됐습니다. 이후 유엔은 1975년을 '세계 여성의 해'로 지정하고 1977년 3월 8일을 특정해 '세계 여성의 날'로 공식 지정했습니다.

성별 갈등이 점점 커지고 있습니다. 성평등은 여성만의 문제가 아니라 우리 사회가 같이 고민하고 해결해야 할 문제입니다. 서로의 인권이 존중되고 있는지 서로가 평등한지 살펴보세요. 이를 여성과 남성 중 어느 한쪽이 이기면 다른 한쪽이 지는 문제라고 생각한다면 갈등은 끝나지 않을 거예요. 성평등을 이룬다면 여성과 남성 모두 행복할 수 있습니다.

❖ **여성과 남성이 모두 행복한 '성평등 기념 행사'를 주최해 봅시다. 어떤 이벤트를 하면 좋을지 계획해 봅시다.**

기억하기

❖ 글, 그림 등의 방법을 활용하여 수업에서 배운 내용을 정리해 봅시다.

번영

- 에너지를 얻는 슬기로운 방법
- 좋은 일자리란 무엇일까요?
- 나누어 쓰면 더 행복한 세상
- 사라져라, 불평등 바이러스
- 나와 우리, 지구가 행복한 도시

경제 성장이란 국민 소득이 증가해서 국민이 더 잘살게 되는 것을 뜻해요. 경제적으로 더 풍족하면 더 많은 재화와 서비스를 소비할 수 있어요. 소비가 늘어나면 자연스레 생산도 늘어나겠죠? 그러려면 토지, 노동, 자본이 더 많이 들어가야 합니다.

우리는 지금까지 경제 성장을 목표로 열심히 노력하고 달려왔습니다. 하지만 지구의 자원에는 한계가 있어요. 경제 성장은 그 자체가 최종 목표가 아니라 인류가 함께 번영하는 과정에 있습니다. 이제는 모든 사람이 함께 풍요롭고 보람 있는 삶을 누려야겠지요. 자연과의 조화 속에 경제, 사회, 기술이 더 발전하여 앞으로 나아가야 하겠고요.

여기에서 우리는 어떻게 하면 모든 사람이 소외당하지 않는 경제 환경을 만들고, 지속 가능한 성장 동력을 만들지 알아볼 거예요.

Chapter 03

에너지를 얻는
슬기로운 방법

1. 다음 SNS 게시물을 보고 댓글을 달아 봅시다.

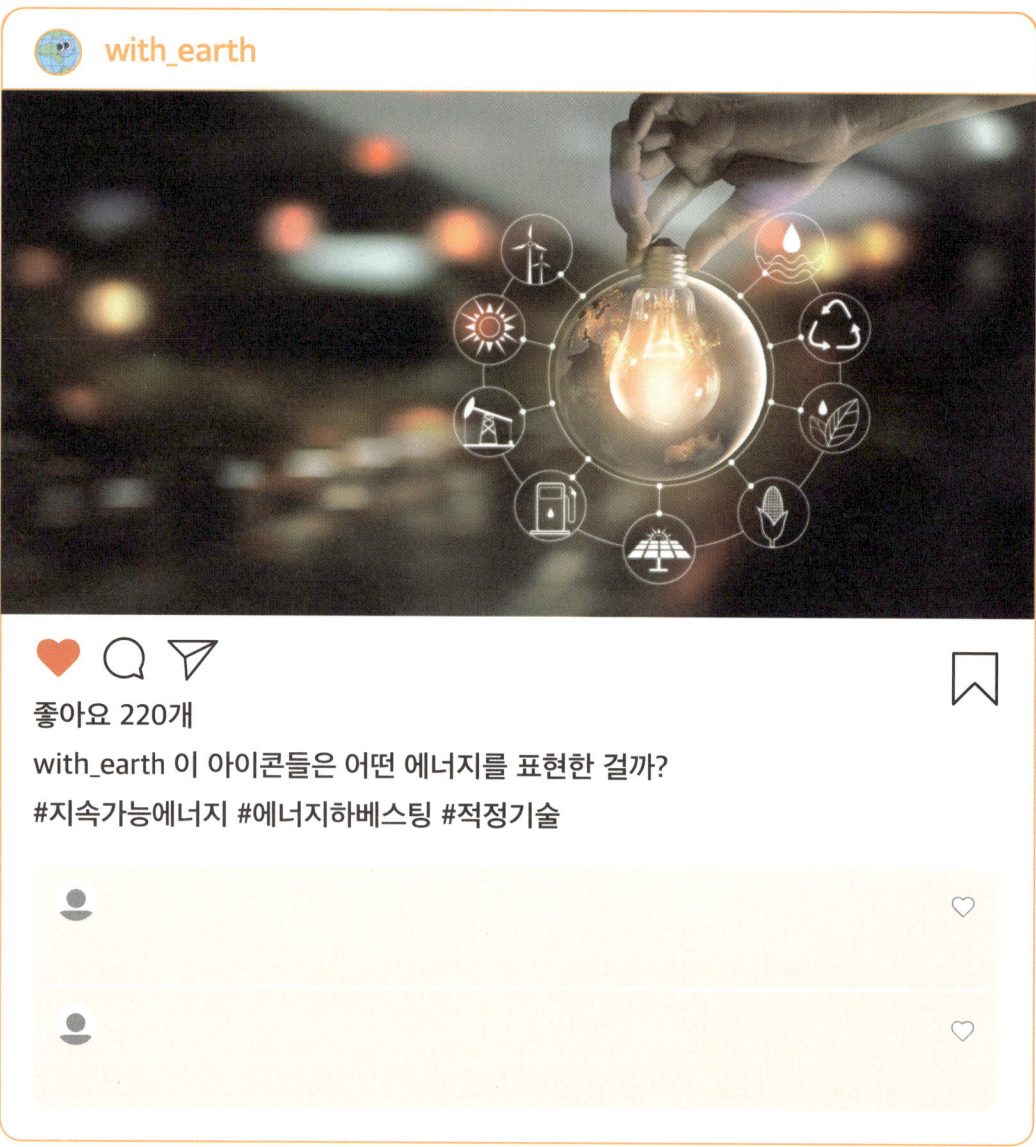

좋아요 220개
with_earth 이 아이콘들은 어떤 에너지를 표현한 걸까?
#지속가능에너지 #에너지하베스팅 #적정기술

2. 다음 만화를 보고 수업에서 무엇을 배울지 생각해 봅시다.

번영

첫 번째 걸음	**에너지 하베스팅에 대해 알아봐요**

❖ **다음 글을 읽고 에너지 하베스팅이 무엇인지 이해해 봅시다.**

　에너지는 '물체가 가진 일하는 능력, 힘'을 뜻해요. 물은 높은 곳에서 떨어질 때 돌을 깨고 흙을 나르는 등의 힘을 발휘해요. 인간은 심장 박동, 호흡과 같은 기초 대사부터 앉기, 걷기 등의 일상적 활동, 달리기, 수영 등 운동에 이르기까지 매 순간 에너지를 방출합니다.

　우리가 하루 평균 섭취하는 음식의 열량을 모두 전기로 바꾸면 약 3킬로와트가 되는데, 이렇게 확보된 에너지 중에서 기초 대사와 일상생활에서 사용하고 남는 열량은 그대로 배설되거나 지방으로 저장되지요. 만약 남는 열량을 모두 전기로 바꾸면 그 양이 어마어마하겠지요?

　에너지 하베스팅(Energy Harvesting), 즉 에너지 수확이란 신체 에너지, 광에너지, 진동 에너지, 열에너지 등의 자연적인 에너지원에서 버려지는 에너지를 모아서 전기 에너지로 재활용하는 기술을 뜻해요. 이 기술을 잘 활용하면 에너지를 공급하는 데 있어 안정성과 보안성, 지속 가능성을 확보할 수 있어요. 또 자연에서 얻기 때문에 환경 공해를 줄일 수 있고요.

　그 예를 살펴볼까요? 일본의 도쿄역에는 '발전 마루'라는 보도블록 발전기가 있습니다. 발전 마루에는 진동이 발생할 때 생기는 힘을 모아 전기를 만들어 내는 부품이 들어 있어요. 도쿄역의 통로와 계단에서 모은 전기량으로 개표구 하나를 종일 운용할 수 있다고 해요.

　에너지 하베스팅은 출력이 불안정해서 본격적으로 사용하기는 어려워요. 다행히 이 분야에 뛰어드는 과학자가 많아지고 있으니, 미래 에너지로 활용되기를 기대해 봐도 좋겠지요?

번영

① 전기 에너지로 재활용할 수 있는 에너지는 무엇이 있을지 친구들과 이야기해 봅시다.

② 에너지 하베스팅의 사례를 더 찾아봅시다.

81

| 두 번째 걸음 | **제로 에너지 학교를 꿈꿔요** |

1. 다음 글을 읽고 제로 에너지 하우스와 같은 에너지 자립 건물이 많이 생긴다면, 절약한 에너지를 어떻게 활용할 수 있을지 떠올려 봅시다.

산업 혁명 이후 화석 연료를 많이 사용함으로써 이산화탄소의 배출이 많이 늘어났고, 이는 지구 온난화로 이어졌습니다. 이를 막기 위해 전 세계에서 탄소 배출량을 줄이려고 노력하는데요. 제로 에너지 하우스도 이런 노력의 하나입니다.

제로 에너지 하우스는 외부에서 에너지를 공급받지 않고 자체적으로 에너지를 생산해서 사용하며, 내부의 에너지가 외부로 빠져나가는 것을 막음으로써 에너지를 절약하는 친환경 건축물이에요. 빠져나가는 열을 철저하게 막고 자연 채광, 고효율 전등을 사용해 낭비되는 에너지를 최소화하지요. 그리고 태양광이나 풍력 발전기 등의 장비를 이용해 건물 자체적으로 에너지를 생산할 수 있게 합니다.

제로 에너지 하우스는 크게 액티브 하우스(Active House)와 패시브 하우스(Passive House)로 구분합니다. 액티브 하우스는 태양광, 지열 등의 신재생 에너지를 생산하여 에너지를 얻는 주택이에요. 패시브 하우스는 처음 지을 때부터 단열에 힘써서 에너지 손실을 최소화한 주택이고요. 최근에는 이 두 가지 방식을 결합해 에너지 효율을 높이면서 필요한 에너지는 자체적으로 생산하는 방식으로 건축 기술이 발전하고 있습니다.

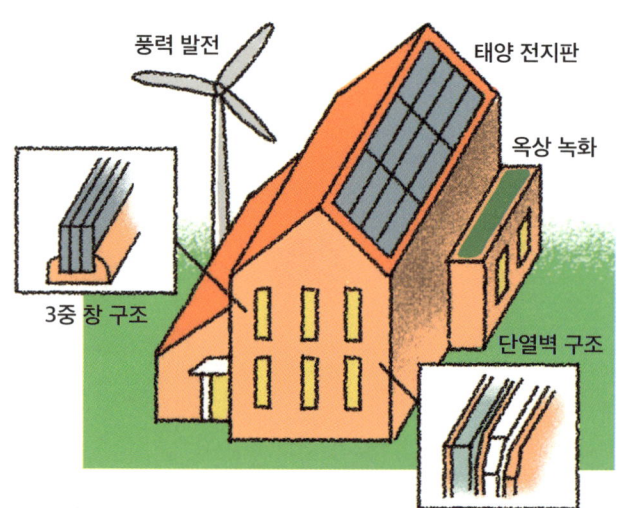

번영

2. 제로 에너지 학교를 만들어 봅시다.

① 우리 학교에서 에너지가 낭비되고 있는 곳을 찾아서 적어 봅시다.

위치	낭비되는 이유	변화 방향

② 우리 학교를 제로 에너지 학교로 만들기 위한 밑그림을 그려 봅시다.

| 세 번째 걸음 | **적정 기술에 대해 알아봐요** |  |

❖ **다음 글을 읽고 모저 램프가 수많은 사람에게 끼친 영향을 살펴봅시다.**

전기가 없는 생활을 상상한 적 있나요? 대한민국에 전기가 들어오지 않는 곳은 거의 없을 거예요. 그런데 전 세계의 약 6억 7,000만 명은 쓸 전기가 부족해요. 어떻게 해야 할까요? 지금부터 한 사람의 이야기를 들려줄게요.

2002년, 브라질의 우베라바라는 도시에는 정전이 자주 일어났어요. 전기는 가정집이 아닌 공장에나 들어왔지요. 주민들은 이 문제를 해결하고 싶었어요. 알프레드 모저라는 전기공도 그랬어요. 모저와 동료들은 성냥이 없을 때 비상사태가 일어나면 어떻게 경보를 울릴지 고민했는데, 상사가 페트병에 물을 채워서 햇빛을 풀밭으로 모으는 렌즈로 쓰라고 제안했습니다. 이것이 모저에게 아이디어가 되었답니다.

페트병에 물을 채워 햇빛을 잘 받는 지붕 쪽에 설치해요. 페트병의 둥근 입구가 볼록 렌즈가 되어 햇빛을 모아 줘요. 페트병으로 모인 햇빛이 물속에서 굴절되어 병 전체가 밝아지는 원리에요.

 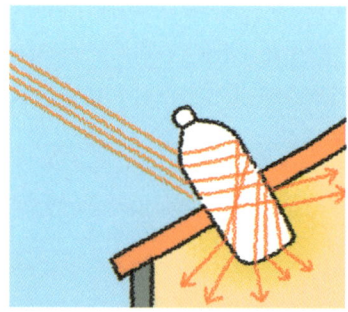

우베라바의 많은 가정이 이 램프를 설치했습니다. 얼마 지나지 않아 필리핀의 '마이 쉘터 재단'에서도 이것을 쓰고 싶다는 연락이 왔어요. 현재 필리핀의 14만 이상의 가구에서 모저 램프가 빛나고 있습니다.

모저 램프는 '적정 기술'을 이용했어요. 적정 기술은 그 기술이 사용되는 사회의 정치적, 문화적, 환경적 조건을 고려해 그 사회에서 계속 생산하고 소비할 수 있게 만든 기술이에요. 이로써 제3세계의 저소득층에 필요한 기술과 제품을 공급할 수 있지요.

① 친구들과 모저 램프를 만들고 암전 상자 안이 어떻게 보이는지 말해 봅시다.

> **만드는 방법**
> ❶ 재활용 페트병에 물을 가득 채운다.
> ❷ 표백제 10ml를 넣어 준다.
> ❸ 암전 상자에 구멍을 뚫어 병의 윗부분은 밖에 나오고 병의 아랫부분은 안에 들어가게 끼운다.
> ❹ 페트병 주변을 빛이 들어가지 않게 검정 테이프로 밀봉한다.
> ❺ 햇빛이 잘 드는 밖에 암전 상자를 내놓는다.

② 브라질, 필리핀 주민들이 모저 램프를 설치한 후에 생활이 어떻게 달라졌을지 짐작해 봅시다.

③ 모저 램프와 같은 기술이 필요한 지역은 어디일지 찾아봅시다.

달력에서 만나는 세계 기념일

세계 에너지의 날

10월 22일 '세계 에너지의 날'은 2012년 7월 21일 세계에너지포럼에서 지정했습니다. 에너지 소비가 증가해 온실가스 배출량이 늘어남에 따라 지구 온난화, 기후 변화 등의 문제가 지구와 인간을 위협하고 있습니다. 이에 기업과 국가에서 저탄소 에너지를 확대하는 등의 방법으로 '탄소 중립'을 이루는 것을 목표로 하고 있습니다.

한 가지 더! 에너지 사용량을 줄여야 합니다. 자가용 대신 대중교통을 이용하고 안 쓰는 조명을 끄고 플러그를 뽑는 행동을 떠올릴 수 있을 텐데요. 그에 못지않게 기업에서 생산하는 제품을 덜 소비하는 것도 중요해요. 옷, 학용품, 장난감 등을 자주 바꾸지 않는 거지요. 간접적으로 에너지 소비를 줄이는 겁니다. 욕심을 줄이고 조금 불편하게 사는 태도를 기꺼이 여길 때 우리는 지구에서 좀 더 오래, 함께 잘 살 수 있을 거예요.

❖ 에너지 소비를 줄이는 다양한 방법을 찾아서 아이콘으로 만들어 봅시다.

플라스틱 안 쓰기

이면지 활용

기억하기

❖ 글, 그림 등의 방법을 활용하여 수업에서 배운 내용을 정리해 봅시다.

Chapter 03

좋은 일자리란 무엇일까요?

1. 다음 SNS 게시물을 보고 댓글을 달아 봅시다.

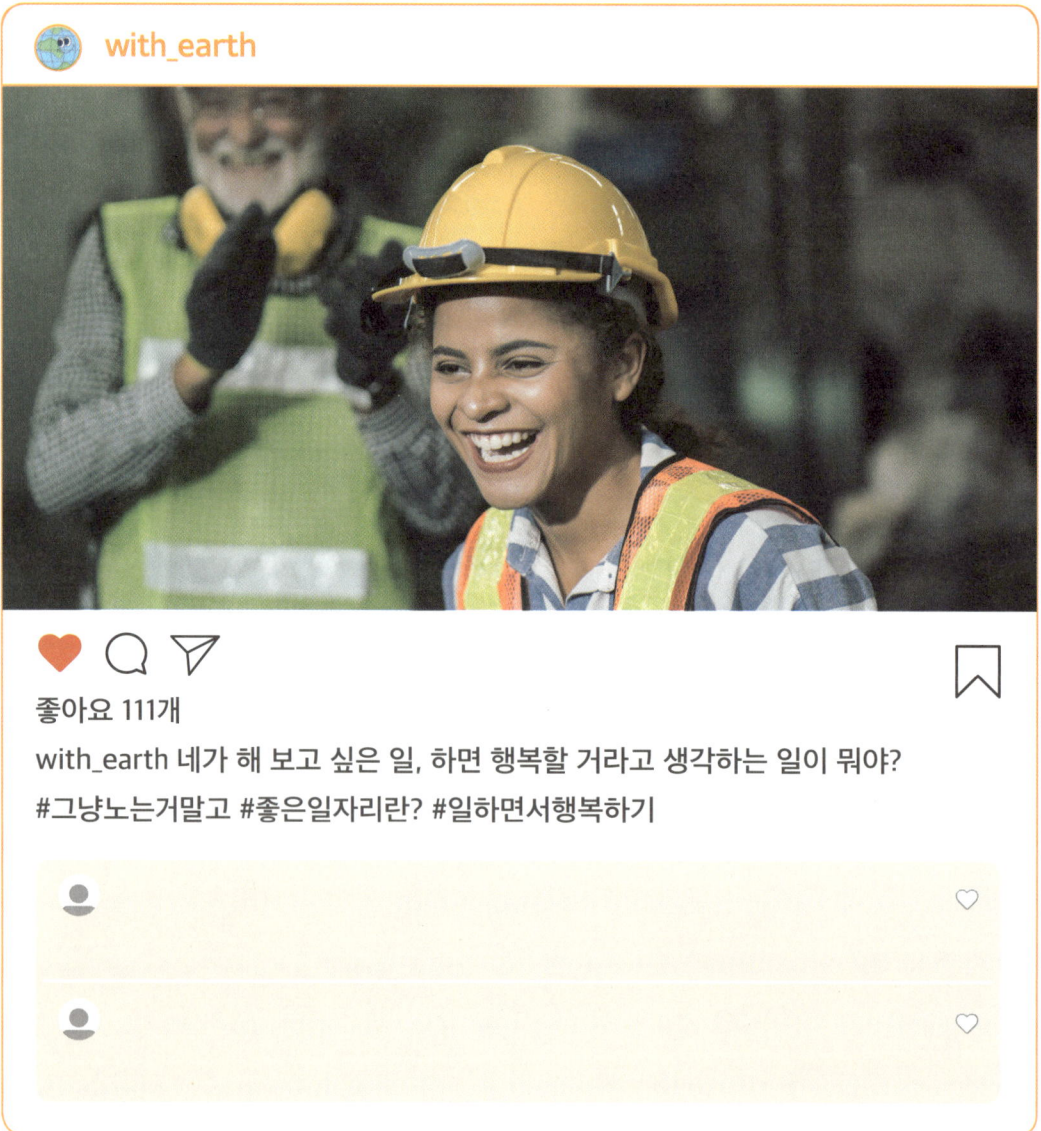

with_earth

좋아요 111개

with_earth 네가 해 보고 싶은 일, 하면 행복할 거라고 생각하는 일이 뭐야?
#그냥노는거말고 #좋은일자리란? #일하면서행복하기

2. 다음 만화를 보고 수업에서 무엇을 배울지 생각해 봅시다.

 **첫 번째 걸음** # 식탁에 올라온 생선을 누가 잡았는지 알아요

1. 식사로 나온 다음 음식을 만들 때 가장 많이 사용한 재료를 찾아봅시다.

2. 생선이 식탁에 올라오기까지 어떤 과정을 거쳤을지 상상하여 적어 봅시다.

바닷속에서 사는 물고기 ⇨

⇨ 우리 집 식탁

3. 다음 만화를 보고 이주 어선원의 상황을 파악해 봅시다.

우리가 자주 먹는 참치, 오징어, 고등어 등을 누가 잡았는지 아나요?

한국의 원양 어선에서 일하는 선원의 74%가 이주 어선원이에요.

이들의 50% 이상이 하루 평균 18시간 넘게 일했습니다.

휴식 시간도, 식사 시간도 따로 없습니다.

이렇게 일하지만, 한국인 어선원 월급의 10분의 일 수준밖에 안 됩니다.

한국인 선원은 생수를 마시지만, 이주 어선원은 바닷물을 정수한 물을 마십니다.

이런 처지임에도 이주 어선원의 94%가 여권을 압수당하고,

한국에 오려고 보증금을 내느라 빚을 져서 배를 떠나기란 쉽지 않습니다.

번영

① 내가 그동안 먹은 수산물을 누가 잡았는지 말해 봅시다.

② 이주 어선원들의 상황으로 알맞은 것에 ○ 표시를 해 봅시다.

- 근무 시간이 너무 (짧아요 / 길어요).

- 휴식 시간이 (부족해요 / 충분해요).

- 한국인 어선원과 (다른 대우를 받아요 / 같은 대우를 받아요).

- 자신이 일한 만큼 돈을 (받아요 / 받지 못해요).

③ 이주 어선원들이 행복하게 일하려면 어떻게 해야 할지 조사해서 정리해 봅시다.

두 번째 걸음 | 일하는 사람들의 상황을 들여다봐요

1. 다음 |예|를 참고하여 힘들게 일하는 사람들에 대해 쓴 기사를 찾아봅시다.

> |예|
> - 태안 화력 발전소에서 혼자 야근하던 하청업체 노동자 김용균 씨가 컨베이어벨트에 끼어 숨졌다.
> - 중증 장애인에게 고용과 직업 훈련의 기회를 제공하는 보호 작업장에서 일하는 장애인 노동자들이 한 달에 90만 원 정도의 임금을 받았다.

2. 다음 '세계 인권 선언'의 23조 내용을 살핀 후 1에서 찾은 기사의 댓글창에 내 생각을 표현해 봅시다.

> 제23조 내가 원하는 일을 자유롭게 할 수 있다.
> 1. 모든 사람에게는 자유롭게 직업을 선택하고, 안전한 조건에서 일하고, 실업(해고되는 것)에 대해 보호를 요구할 권리가 있다.
> 2. 아무런 차별 없이 일한 만큼의 월급(임금)을 요구할 권리가 있다.
> 3. 인간으로서 살아갈 수 있는 적절한 월급(임금)을 요구할 권리가 있다.
> 4. 자신의 이익을 보호하기 위해 노동조합을 조직하고, 그것에 참여할 수 있다.

3. 우리 지역의 일자리를 만들어 내기 위한 새로운 관광 프로젝트를 친구들과 함께 만들어 봅시다.

① 다른 지역 사람들이 관심을 가질 만한 우리 지역 고유의 문화와 특산물을 찾아봅시다.

② ①에서 찾은 내용을 널리 알리기 위한 지역 축제를 기획해 봅시다.

축제 기획서

- 축제 이름:

- 축제 일시:

- 축제 장소:

- 진행 인원:

- 축제 내용:

세 번째 걸음 — 각자에게 맞는 일을 찾아요

1. 다음 채용 공고에서 적절하지 않다고 생각하는 부분을 표시하고, 지우거나 수정하여 차별 없는 채용 공고문을 완성해 봅시다.

도배사
- ▶ 학력: 무관
- ▶ ~~30살 이하 여성만 지원 가능~~
- ▶ 관련 자격증이 있는 사람 우대

㉠ 두 번째 항목 삭제: 나이와 성별에 상관없이 기술과 체력이 있다면 누구나 할 수 있음.

글로벌 은행 직원
- ▶ 학력: 대학교 졸업(경제학과 우대)
- ▶ 영어, 일본어로 대화할 수 있는 사람
- ▶ 여자 165cm, 남자 178cm 이상

조향사
- ▶ 학력: 대학원 졸업(화학과 우대)
- ▶ 향기에 예민한 여성만 지원 가능
- ▶ 관련 자격증이 있는 사람 우대

광고 기획자
- ▶ 학력: 서울대학교 졸업(학과 무관)
- ▶ 관련 경력이 있는 사람 우대
- ▶ 아이디어 포트폴리오 제출 필요

네일 아트 아티스트
- ▶ 학력: 무관
- ▶ 관련 자격증이 있는 사람 우대
- ▶ 장애가 있는 사람은 지원 불가

제주도 관광 안내사
- ▶ 출생 지역: 제주도
- ▶ 영어와 중국어로 대화할 수 있는 사람
- ▶ 그 외 언어 자격증이 있는 사람 우대

2. 다음 안내를 읽고 친구와 함께 게임해 봅시다.

> **게임 준비**
>
> ❶ 내 카드와 친구의 카드가 섞이지 않게 둔다.
> ❷ 한 사람의 카드는 모두 뒤집힌 채로 가운데 둔다.
> ❸ 다른 사람의 카드는 앞면이 보이도록 그 주변에 원 모양으로 카드를 둔다.
> ❹ 내 말과 친구의 말은 서로의 간격을 일정하게 해서 대각선 방향에 둔다.
>
> **게임 진행**
>
> ❶ 가위바위보를 해서 이긴 사람이 먼저 게임을 진행한다.
> ❷ 원 안쪽에 뒤집힌 카드 중 1장을 앞면이 보이게 뒤집는다.
> ❸ 이때 뒤집힌 카드의 앞면이 내 말의 앞칸과 짝이 맞으면 1칸 이동한다.
> ❹ 뒤집힌 카드의 앞면이 내 말의 앞칸과 짝이 아니거나 완전히 똑같은 카드라면 친구에게 기회가 넘어간다.
>
> **게임 승리 조건**
>
> ❶ 내 말이 친구의 말을 잡으면 승리한다.
> ❷ 친구의 말을 건너뛸 수 없다. 친구의 말이 놓인 카드의 짝을 맞춰야 게임이 끝난다.

번영

3. 우리는 원하는 직업을 자유롭게 선택할 권리가 있습니다. 내가 바라는 직업을 쓰고 그에 대해 알아봅시다.

내가 바라는 나의 직업은 _____ 입니다.

① 내가 이 직업을 갖기를 바라는 이유 3가지를 적어 봅시다.

❶
❷
❸

② 내가 원하는 직업을 가진 사람이 실제로 하는 일을 조사하고 그 사람이 하루에 하는 일을 5문장으로 정리해 봅시다.

❶
❷
❸
❹
❺

달력에서 만나는 세계 기념일

05/01
세계 노동자의 날

1886년 5월 1일, 매우 나쁜 노동 환경에서 오랜 시간 일하면서도 적은 돈을 받던 미국 노동자들이 더는 참을 수 없어서 시카고 헤이마켓 광장에서 시위를 벌였습니다. 이후 여러 나라에서 노동자의 이익과 복지를 향상하고 그들의 안정된 삶을 도모하기 위해 5월 1일을 기념하고 있어요. 바로 메이데이, '세계 노동자의 날'입니다.

'필수 노동자'가 무엇인지 아나요? 필수 노동자는 국민의 생명과 안전, 사회 기능을 유지하기 위해 필요한 일을 하는 사람을 이르는 말이에요. 보건 의료, 돌봄, 배달 및 택배, 환경미화 노동자가 여기에 해당해요. 이들의 노동이 없다면 우리 사회는 제대로 돌아갈 수 없어요. 필수 노동자들은 많은 경우 위험하거나 열악한 근무 조건에서 일하는데, 이들이 땀흘려 일한 것에 대한 충분한 보상과 존경이 필요하다는 점을 기억해 주세요.

❖ 시카고의 헤이마켓 광장에는 그날을 기념하기 위한 조각상이 있어요. 내가 바라는 '노동'을 생각하며 조각상을 디자인해 봅시다.

기억하기

❖ 글, 그림 등의 방법을 활용하여 수업에서 배운 내용을 정리해 봅시다.

Chapter 03

나누어 쓰면
더 행복한 세상

1. 다음 SNS 게시물을 보고 댓글을 달아 봅시다.

with_earth

좋아요 44개

with_earth 너희들 공유 경제 서비스 써 본 적 있어?

#편리하긴하던데 #지속가능한산업 #환경친화적공정 #사회기반시설

번영

2. 다음 만화를 보고 수업에서 무엇을 배울지 생각해 봅시다.

우리 사회에 꼭 있어야 할 시설이 무엇인지 알아요

첫 번째 걸음

1. 다음 글을 참고하여 사회 기반 시설에는 어떤 것들이 있는지 알아봅시다.

> 일반적으로 국가가 소유하며 다수의 사회 구성원에게 편의와 복지, 공익을 제공하는 시설물을 사회 기반 시설이라고 해요. 교육 및 의료 시설, 여가 시설, 공원 녹지, 공중 보건 및 복지, 법, 질서 유지, 행정과 관련된 기반 시설 등이 여기에 해당합니다.

번영

2. 내가 사는 동네의 지도를 그려 봅시다. 1에서 찾은 사회 기반 시설이 어디에 있는지 확인해 봅시다.

3. 꼭 필요한데 우리 동네에 없는 사회 기반 시설이 있다면 어디에 생기면 좋을지 생각하여 2의 지도에 추가해 봅시다.

공유 경제가 우리 생활에 미치는 영향을 살펴요

1. 다음 글을 읽으며 '공유 경제'가 무엇인지 찾아서 밑줄 쳐 봅시다.

> 공유 경제는 어떠한 물품을 개인이 가지고 있는 것이 아니라, 서로 빌려주거나 일정한 돈을 받고 얼마 동안 내어 주는 것을 의미합니다. 알지 못하는 사람을 연결해 준다는 장점이 있는 인터넷이 급속도로 발전하면서, 공유 경제도 빠르게 성장하고 있습니다. 나에겐 쓸모없는 물품을 대가를 지불받고 누군가에게 빌려주는 시스템이 점차 늘어난 것이지요.

2. 다음 글을 읽으며 밑줄 친 부분에 들어갈 알맞은 말을 |보기|에서 골라 봅시다.

> |보기| 공유 마켓, 장난감 모음터, 공유 주차장, 오픈 칼리지, 공공 자전거, 나눔 카

'공유의 주말'

오늘은 우리 가족이 캠핑을 가는 날이에요.

여행에 가져갈 동생 장난감을 빌리러 '_____'에 왔어요.

저 말고도 '_____'를
타고 온 사람들이 많네요.

아빠와 캠핑에 필요한
물건을 준비하러 '_____'에 왔어요.
장비가 정말 많네요.
텐트, 그릇, 의자, 꼬챙이를 빌렸어요.

아빠께서 '_____'에서
차를 가져오셨어요.

이제 시청에 있는 '_____'로
출발해요. 엄마가 거기서 여행지 정보와
캠핑 팁을 배워 오신다고 하셨거든요.

캠핑장에 도착했는데, 주차장이 벌써 꽉 찼어요.
휴대폰으로 검색해 보니, 다행히 근처에
'_____'이 있네요.

이제 캠핑장으로 가요!

세 번째 걸음 — 공유의 가능성에 대해 생각해요

1. 우리 학교에 모두가 함께 사용할 물건으로 어떤 것이 있으면 좋을지 생각해 봅시다.

- 무엇을 공유하나요?

- 왜 필요할까요?

- 우리 학교 학생들에게 필요한가요? 누가 줄 수 있나요?

- 언제, 어디서, 어떻게 공유할 수 있을까요?

번영

2. '돈을 공유할 수 있다'는 주장에 대해 친구들과 생각을 나눠 봅시다.

① 나와 친구들은 이에 대해 어떻게 생각하는지 이유를 들어 이야기해 봅시다.

② 다음 글을 읽고 그라민 은행의 돈이 어떤 흐름으로 움직이는지 빈칸을 채워 봅시다.

무하마드 유누스는 방글라데시의 경제학 교수였습니다. 유누스 교수는 방글라데시의 많은 사람이 가난에서 벗어나지 못하는 현실을 항상 안타까워했습니다. 이에 연구를 시작한 유누스 교수는 수많은 국민이 높은 이자로 돈을 빌려주는 고리대금업자에게 돈을 빌린 뒤, 큰돈을 이들에게 갚느라고 돈을 모을 수 없다는 사실을 알았습니다. 또한, 공식적인 은행은 담보*가 없으면 돈을 빌려주지 않기 때문에 많은 국민이 은행을 이용하지 못한다는 것도 알았지요.

이를 안타깝게 여긴 유누스 교수는 가난한 사람들을 위해 담보 없이 소액의 돈을 빌려주었습니다. 많은 사람은 유누스 교수가 돈을 돌려받지 못할 것이라며 비난했지만, 실제로 대부분을 돌려받았으며 이를 통해 유누스 교수는 방글라데시의 가난을 해결할 수 있다고 생각했습니다. 그래서 그라민 은행을 세우고 본격적으로 가난한 사람들에게 돈을 빌려주기 시작했습니다. 빌린 돈으로 더 많은 돈을 벌어 다시 그라민 은행에 돈을 갚는 시스템으로 방글라데시의 많은 사람이 실제로 가난에서 벗어날 수 있었습니다.

* 담보: 돈을 갚지 못할 때를 대비해 내가 가진 집처럼 물건을 맡겨 두는 것.

그라민 은행 ⇨ _____ ⇨ 그라민 은행

③ '돈을 공유할 수 있다'는 주장에 대해 생각이 바뀐 부분이 있다면 무엇인지 써 봅시다.

달력에서 만나는 세계 기념일

09/28
세계 보편적 정보 접근의 날

9월 28일은 '세계 보편적 정보 접근의 날'입니다. 누구나 차별 없이 믿을 수 있는 정보에 접근할 수 있도록, 기본적 자유를 보호하기 위해 2015년 유네스코가 만들었어요.

음식점에서 기계로 음식을 주문해 본 적 있나요? 주문을 위해 설치된 무인 단말기를 '키오스크'라고 합니다. 인건비를 줄이고 코로나19 시대에 고객과 마주하지 않아도 되는 등의 장점 덕분에 빠르게 확산되고 있어요. 하지만 이 키오스크를 이용하지 못하는 사람이 많습니다. 디지털 기기에 익숙하지 않은 어린이나 노인, 휠체어를 타고 있어 화면에 손이 닿지 않는 장애인 등 여러 사람이 불편을 호소하고 있습니다.

❖ 많은 사람이 키오스크를 잘 사용하게 하려면, 어떻게 디자인해야 할지 아이디어를 떠올려 봅시다.

기억하기

❖ 글, 그림 등의 방법을 활용하여 수업에서 배운 내용을 정리해 봅시다.

Chapter 03

사라져라,
불평등 바이러스

1. 다음 SNS 게시물을 보고 댓글을 달아 봅시다.

with_earth '이건 정말 불평등해!'라고 생각하는 문제가 있어?
#억울하면안되잖아 #불평등해소 #올바른원칙으로

2. 다음 만화를 보고 수업에서 무엇을 배울지 생각해 봅시다.

첫 번째 걸음: 평등과 불평등의 의미를 알아요

❖ **다음 글을 읽고 평등과 불평등에 대해 생각해 봅시다.**

코로나19만큼이나 지구에서 사라져야 할 바이러스가 있습니다. 바로 불평등 바이러스인데요. 이 불평등 바이러스는 전 세계에 널리 퍼져 있어 부자를 더 부유하게, 가난한 사람을 더 가난하게 만드는 결과를 낳고 있습니다.

코로나19로 상위 1,000명의 부자는 경제적인 타격을 회복하는 데 10개월도 걸리지 않지만, 가난한 사람들은 10년 이상 걸릴 것이라고 합니다.

안전한 거리 두기로 5억 개 이상의 일자리가 없어졌고, 7억 명 이상의 여성 노동자의 수입은 60% 감소했습니다.

가난한 나라의 어린이들은 학교에 다닐 수조차 없었지만, 부유한 나라는 학생들에게 온라인 학습을 지원했고, 일정 시간이 지난 후 다시 등교할 수 있었습니다.

많은 양의 백신을 미리 구매한 부유국과 달리, 빈민국에서 코로나19를 예방하는 것은 결코 쉬운 일이 아닙니다.

이처럼 사회 경제적 기반이 약한 빈곤 국가와 취약 계층은 불평등 바이러스에 더 많은 영향을 받습니다. 불평등 바이러스가 사라진 평등한 사회를 만들기 위해 적절한 환경을 조성해야 합니다.

① 부자를 더 부유하게 가난한 사람을 더 가난하게 만드는 '불평등 바이러스'는 결국 무엇일지 생각해 봅시다.

② 이 글을 바탕으로 내가 생각하는 평등의 의미를 써 봅시다.

내가 생각하는 평등이란 _____ 이다.

왜냐하면 _____

_____ 이기 때문이다.

번영

❸ 다음 불평등 사례를 살펴보고 그 원인을 찾아 선으로 이어 봅시다.

지하철역에 엘리베이터가 없어 휠체어를 타고 이동하려면 지하철 리프트를 타야 해요. 그런데 너무 위험하고 시간이 많이 들어 지하철 이동이 불편합니다.

지체 부자유 장애인 A씨

• • 장애인이 안전하게 이동할 권리에 대한 인식 및 제도가 부족해서

똑같은 시간 동안 같은 일을 해도 남자 동료에 비해 승진도 늦고 월급도 적어서 한 직장에서 오래 일하기 힘듭니다. 잦은 이직으로 생계에 위협을 받아요.

여성 노동자 B씨

• • 인종과 출신 국가를 기반으로 한 차별로 인해서

한 식당에서 이유 없이 저의 출입을 막았습니다. 자리가 없다고 했지만 저보다 늦게 온 한국인들에게는 자리를 안내해 주었어요.

이주민 C씨

• • 같은 노동을 하는 남성보다 여성의 임금이 평균적으로 더 적고 성별에 따른 차별 때문에

두 번째 걸음

불평등, 한 걸음 더 들어가요

1. 우리 사회에서 벌어진 불평등 관련 사례를 찾고 불평등을 겪은 사람의 입장을 살펴봅시다.

① 불평등과 관련한 사례를 찾아 정리해 봅시다.

- 어떤 사건인가요?

- 누가 누구에게서 어떤 불평등을 겪었나요?

- 불평등을 해결하려면 어떻게 해야 할까요?

② 친구와 역할을 나누어 불평등 문제를 해소하기 위한 대화를 해 봅시다.

불평등을 겪은 사람   관련된 사람이나 단체

2. 나라 간에 발생하는 불평등에 대해 알아봅시다.

A 나라는 빈부 격차가 심하고 극심한 가난에 시달리는 사람들이 많습니다. 생계를 유지하기 위해 어린아이들도 학교에 가지 못하고 농장이나 공장, 시장 등에서 일하며 돈을 벌어야 하는 경우가 많습니다. 몸이 아파도 병원에 가는 것이 어렵기 때문에 많은 사람이 질병과 사고로 사망하거나 고통에 시달립니다.

B 나라는 자원이 풍부할 뿐 아니라 안정적인 복지 시스템이 마련되어 있습니다. 교육은 무상으로 제공되어 아이들 대부분은 학교에 다니며, 공부뿐 아니라 다양한 체험 활동 및 문화생활을 누리며 성장합니다. 기본적인 의료 서비스가 모든 국민에게 제공되기에 몸이 아프면 병원에 가거나 약국에 가는 것이 자연스럽습니다.

① 나라 간에 불평등이 발생하는 이유를 짐작해 봅시다.

② 나라 간에 발생하는 불평등 사례를 살펴보고 떠오른 생각을 말해 봅시다.

③ 나라 간의 불평등을 해결하려면 어떤 노력이 필요한지 써 봅시다.

불평등 바이러스를 함께 물리쳐요

1. 불평등 바이러스 예방약을 개발해 봅시다.

① 대한민국에서 발생하는 불평등을 줄일 약을 만들어 봅시다.

- 약의 이름: 빈곤쿨싹
- 이 약을 개발한 이유: 빈부 격차를 줄이기 위하여
- 복용 전 지킬 일: 같은 노력과 시간을 투입한 노동에 대해 성별, 출신 국가, 외모 등에 상관없이 같은 임금을 제공한다.
- 약의 효능: 열심히 일하는 사람들이 그에 맞는 정당한 임금을 받고, 돈을 모을 기회를 얻는다.

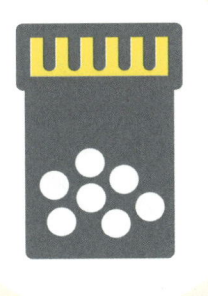

- 약의 이름:

- 이 약을 개발한 이유:

- 복용 전 지킬 일:

- 약의 효능:

② 나라 간에 발생하는 불평등을 줄일 약을 만들어 봅시다.

- 약의 이름: 덕분에성장

- 이 약을 개발한 이유: 모든 나라의 경제 성장과 발전을 위해

- 복용 전 지킬 일: 부유한 나라는 고급 기술력을 나누고, 가난한 나라는 풍부한 토지와 노동력을 제공해 합당한 대가를 받는다.

- 약의 효능: 가난한 나라는 기술을 축적해 새로운 산업을 성장시키고, 부유한 나라는 우수한 제품을 생산해 경제 성장을 이룬다.

- 약의 이름:

- 이 약을 개발한 이유:

- 복용 전 지킬 일:

- 약의 효능:

2. 학교 안에 있는 불평등 바이러스를 예방하는 피라미드를 만들어 봅시다.

① 다음 방법에 따라 피라미드를 만들어 학교에 전시해 봅시다.

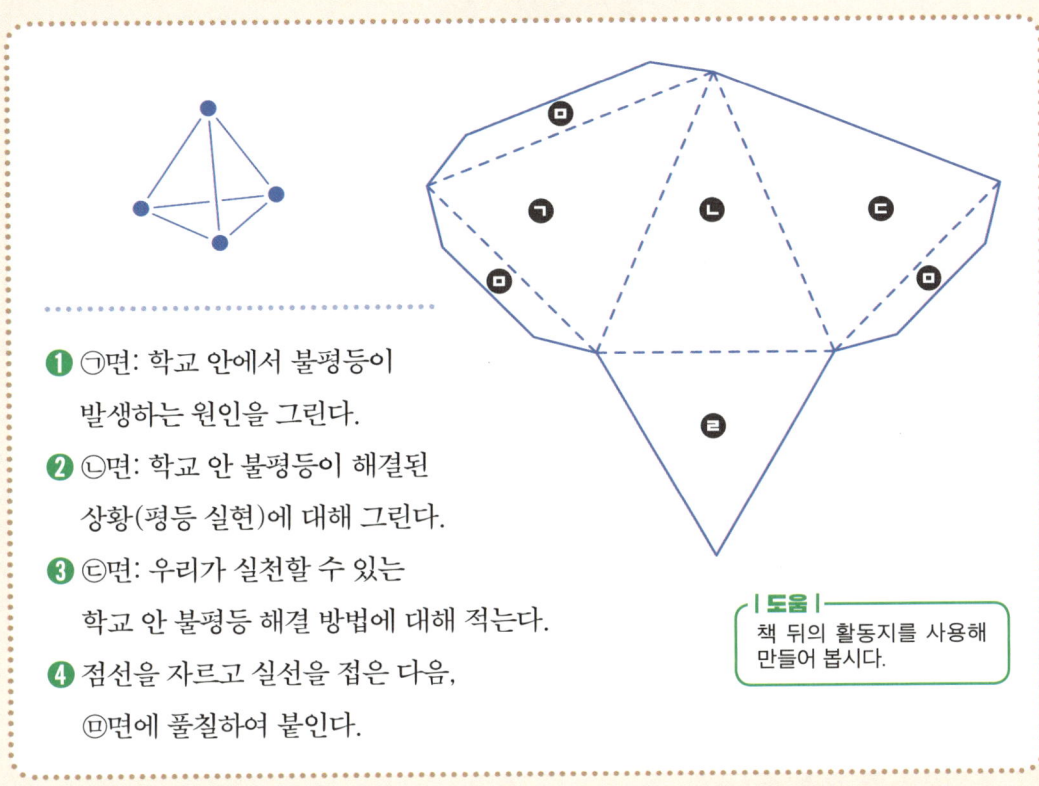

❶ ㉠면: 학교 안에서 불평등이 발생하는 원인을 그린다.
❷ ㉡면: 학교 안 불평등이 해결된 상황(평등 실현)에 대해 그린다.
❸ ㉢면: 우리가 실천할 수 있는 학교 안 불평등 해결 방법에 대해 적는다.
❹ 점선을 자르고 실선을 접은 다음, ㉣면에 풀칠하여 붙인다.

| 도움 |
책 뒤의 활동지를 사용해 만들어 봅시다.

② 불평등 감소 피라미드를 전시한 소감을 써 봅시다.

_____
_____
_____
_____
_____

달력에서 만나는 세계 기념일

02/20
세계 사회 정의의 날

2월 20일은 유엔이 지정한 '세계 사회 정의의 날'입니다. '사회 정의'란 사회적으로 합의한 절차에 따라 구성원 모두에게 평등권, 자유권 등의 기본권을 공정하게 보장하는 것을 의미합니다. 이날은 누구나 건강하고 안정된 환경에서 교육받고, 여성과 어린이의 평등권이 보장되는 사회를 추구하며, 사회 경제적 불평등을 없앨 방법을 찾기 위해 만들어졌습니다.

사회 정의를 이루자는 말은 당연해 보이지만, 아직도 우리 사회에는 불평등하고 불공정한 일이 많이 일어납니다. 인간의 이기심 때문에 옳고 그름을 판단할 때 '얼마나 내게 이익이 되는가'가 기준이 되는 때가 많기 때문이지요. 하지만 우리에게는 곤란을 겪는 사람을 돌아보는 이타심도 있습니다. 거기에 희망을 품고 모두가 조금씩 노력한다면 사회 정의는 천천히라도 이루어질 거예요.

❖ 사회에 퍼져 있는 불평등을 완화하기 위해 애쓰는 분들께 드릴 에너지 음료수를 꾸며 봅시다.

기억하기

❖ 글, 그림 등의 방법을 활용하여 수업에서 배운 내용을 정리해 봅시다.

Chapter 03

나와 우리,
지구가 행복한 도시

1. 다음 SNS 게시물을 보고 댓글을 달아 봅시다.

with_earth

좋아요 777개
with_earth 도시 전체가 문화재인 경주가 좋아서 살고 싶어. 넌 그런 도시가 있어?
#살고싶은도시 #지속가능한도시 #안전 #친환경 #문화

2. 다음 만화를 보고 수업에서 무엇을 배울지 생각해 봅시다.

첫 번째 걸음 — 보봉 마을 사람들의 삶을 접해요

❖ **다음 글을 읽고 생태 마을 보봉에 대해 알아봅시다.**

독일 남부에 '보봉'이라는 마을이 있어요. 제2차 세계 대전 이후 프랑스군이 머물다 떠나면서, 그 지역을 어떻게 활용하면 좋을지 여론을 모으는 과정에서 주민들의 자치 모임이 출범되었습니다. 시민들은 교통, 에너지, 주민 공동 시설, 주거 환경 등 주제별로 소모임을 만들었고, 거기에 전문가가 함께하며 공동체 프로젝트를 시작했습니다.

주민들은 대기 오염 배출량을 줄이고, 쓰레기 발생과 물 소비를 최소화하며 콘크리트를 사용하지 않는다는 원칙을 세웠어요. 이웃과의 친화를 중요하게 여겨 공원, 어린이 놀이터 등 공공 공간을 최대한 넓히기로 했습니다. 또 최소한의 차량이 다니게끔 교통 운영 방식을 정했습니다.

보봉 마을의 주택은 특히 단열에 신경 써서 지어요. 건물의 에너지 손실을 최소화해, 독일의 일반 주택보다 약 70% 이상의 에너지를 절약할 수 있습니다. 또 태양광 지붕을 설치해 태양 에너지를 생산합니다. 그렇게 절약한 에너지는 팔아서 경제적 이익을 얻어요.

보봉 마을에는 개인 주차장이 없습니다. 차는 마을 외곽에 세워 두고 마을을 벗어날 때만 사용하며, 마을 안에서는 노면 전차를 타고 이동합니다. 노면 전차가 다니지 않는 길에서는 자전거를 이용하고요.

이처럼 보봉 마을은 주민들이 능동적으로 생태와 사회·문화적 측면을 통합하려고 한 모범 사례입니다. 이에 세계 곳곳에서 보봉 마을의 방식을 참고하여 더 좋은 방향으로 공동체를 만들어 가려고 노력한답니다.

번영

① 이 글에 나오는 다음 내용에 대해 조사해 봅시다.

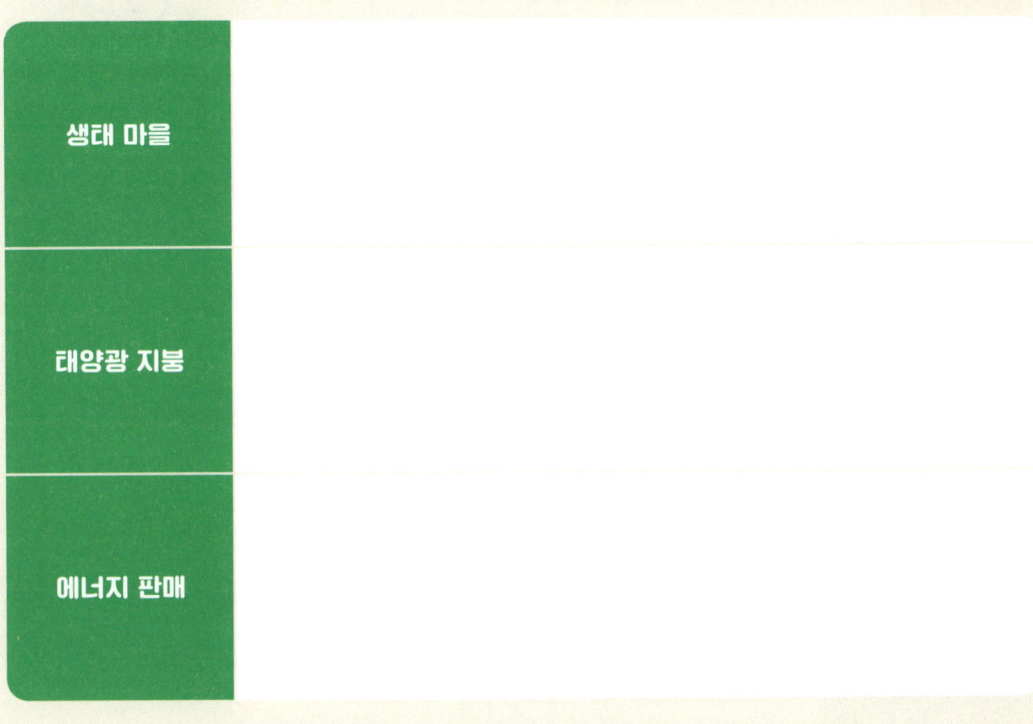

생태 마을	
태양광 지붕	
에너지 판매	

② 내가 보봉 마을 사람이라면 어떤 점이 불편할지 떠올려 봅시다.

③ 보봉 마을 사람들이 자발적으로 불편함을 감수하며 살아가는 이유가 무엇일지 짐작하고 그에 대한 내 생각을 밝혀 봅시다.

두 번째 걸음: 우리가 꿈꾸는 도시를 그려요

1. 우리나라에도 지속 가능한 발전, 친환경, 생태 도시를 지향하는 지역이 늘고 있습니다. 책, 인터넷, 신문 등 다양한 자료를 활용하여 조사해 봅시다.

내가 조사한 곳	
조사한 내용	
가장 인상적인 내용	

번영

2. 내가 사는 지역이 지속 가능한 도시가 되기 위해 각자가 실천할 수 있는 일을 떠올려 보고, 그것을 그림이나 글로 표현해 봅시다.

세 번째 걸음: 지속 가능한 도시를 만들어요

❖ 다음 안내를 읽고 129쪽의 말판과 책 뒤의 활동지를 이용하여 게임해 봅시다.

게임 방법

① 각자 카드 1을 갖습니다.
② 카드 2를 그림이 보이게 같은 것끼리 모아서 말판의 가운데에 놓습니다.
③ 카드 3을 모아서 섞은 뒤 뒤집어 놓습니다.
④ 카드 3을 1인당 5개씩 무작위로 가져갑니다.
⑤ 말을 출발 칸에 놓습니다. 가위바위보로 먼저 시작할 사람을 정하고 주사위를 굴려 나온 수만큼 말을 움직입니다.
⑥ 해당 칸의 퀴즈를 크게 읽습니다.
⑦ 퀴즈를 풀어 맞히면 해당하는 카드 2를 얻습니다. 퀴즈를 틀리면 카드를 가져갈 수 없습니다.
⑧ 자신이 얻은 카드 2를 자신의 땅에 놓아 도시를 만듭니다.
⑨ 한 바퀴를 돈 뒤 출발 칸을 지나면 원하는 카드 2를 1장 가져올 수 있습니다.

승리 조건

– 가장 먼저 미션 1 또는 미션 2를 완료한 사람이 이깁니다.

미션 1. 내가 뽑은 5개의 카드 3과 일치하는 카드 2를 모두 건설하기

미션 2. 각각 다른 8종류의 카드 2를 모두 모으기

번영

| 내가 원하는 것을 아무거나! | Q) 지속 가능한 도시와 공동체 조성은 SDGs 11 이다. (O, X)
공동 텃밭 | 퀴즈 풀지 않고 바로 가져가기
공동 텃밭 | 지구를 소중히 생각하고 실천하는 사람들에게 응원 한마디!
공동 정원 |  한 번 쉬어 가기 |

| Q) 지속 가능하다는 말의 뜻은?
전력 생산 주택 | 차 없는 도로 | 전기차 충전소 | Q) 보봉 마을은 어느 나라에 있나요?
태양광 발전 |

| "지구야, 사랑해!" 외치기
차 없는 도로 | 자전거 주차장  | 공동 정원 | Q) 지속가능발전 목표를 영어로 줄이면? ___ DG ___
전력 생산 주택 |

| Q) 친환경 대체 에너지 1개 말하기
자전거 주차장 | 태양광 발전  | 공동 텃밭 | Q) '지속 가능'으로 4행시 짓기
차 없는 도로 |

| Q) '에너지'로 3행시 짓기
공동 정원 | 마을 공동 주차장  | 전력 생산 주택  | Q) 지속 가능한 도시는 'ㄷㅈㄱㅌ' 확대를 통해 도로 안전을 개선한다.
자전거 주차장 |

| Q) 독일에 있는 생태 마을의 이름은?
마을 공동 주차장 | 카드 2 놓는 곳 | 퀴즈 풀지 않고 바로 가져가기
전기차 충전소 |

|  출발 | 이 챕터를 배우며 느낀 점 1가지 말하기
태양광 발전 | Q) 풍력, 태양열 처럼 개발과 이용 과정 중에 오염 물질이 거의 생성되지 않는 에너지를 'ㅊㅎㄱ' 에너지라고 한다.
전기차 충전소 | Q) 내가 보봉 마을을 여행한다면 가장 먼저 하고 싶은 것은?
마을 공동 주차장 | 다른 친구의 것과 마음대로 바꾸기 찬스! |

달력에서 만나는 세계 기념일

세계 지구의 날

   4월 22일은 '세계 지구의 날'입니다. 이날은 미국에서 있었던 기름 유출 사고를 계기로 지구의 날 행사가 열린 것에서 시작되었어요. 유엔이나 특정 국가가 아닌 환경 보호를 실천하는 시민들의 자발적인 움직임에서 출발했다는 것이 뜻깊지요. 이 행사는 1990년대 이후에는 100여 개가 넘는 나라가 참여하는 세계적인 환경 운동이 되었습니다.

   대한민국도 지구의 날이 있는 일주일을 기후 변화 주간으로 정해 여러 행사를 하고 있습니다. 그중 하나가 조명을 10분 동안 끄는 '소등 행사'인데요. 환경부에 따르면 소등을 약속한 건물이 모두 참여하는 경우에 약 52억 톤의 이산화탄소가 줄어드는 효과가 있다고 합니다. 이는 30년생 소나무 약 7,900그루가 연간 흡수하는 이산화탄소의 양과 같아요. 10분 동안 조명을 끄는 건 작은 일이지만, 많은 사람이 함께할 때 일어나는 변화는 퍽 크지 않나요?

❖ **세계 지구의 날 기념 소등 행사를 홍보하는 팸플릿을 만들어 보세요.**

기억하기

❖ 글, 그림 등의 방법을 활용하여 수업에서 배운 내용을 정리해 봅시다.

지구

- 나의 물 발자국을 찾아서
- 책임감 있는 생산과 소비
- 도대체 날씨가 왜 이러지?
- 지금 바다에서 일어나는 일
- 지금 땅 위에서 일어나는 일

　인간은 더 편리하고 풍요로운 삶을 꿈꿉니다. 그래서 자연을 개발해 경제 발전을 이루었지요. 그러자 인구가 폭발적으로 늘어났어요. 인간은 자원을 과도하게 사용해 물건을 대량으로 만들고, 더 많은 이가 그것을 갖고 싶게 만들었습니다.

　지구는 자원 고갈, 환경 오염, 극심한 기후 변화와 그로 인한 자연재해로 중병을 앓고 있습니다. 파괴된 자연으로 인간의 생존도 위협받고 있습니다. 지구 환경의 모든 요소는 연결되어 있거든요. 석탄을 사용해서 대기가 오염되면 산성비가 내립니다. 그 비는 농작물과 지하수, 토양을 오염시키고 강과 바다로 흘러가 물에 사는 생물을 아프게 해요. 자연히 땅과 바다에서 나온 재료로 만든 음식을 먹은 인간도 아플 수밖에요.

　여기에서 우리는 지구 환경의 현재를 살피고 지속 가능한 삶의 터전을 유지하려면 어떻게 해야 할지 알아볼 거예요.

Chapter 04

나의 물 발자국을 찾아서

1. 다음 SNS 게시물을 보고 댓글을 달아 봅시다.

with_earth

좋아요 11개
with_earth 하루라도 물을 쓸 수 없다면 어떤 일이 생길까?
#정말불편하겠지 #물 #위생 #물부족 #물발자국줄이기

2. 다음 만화를 보고 수업에서 무엇을 배울지 생각해 봅시다.

첫 번째 걸음 | 물 문제에 대해 파악해요

1. 다음 샤샤의 일기를 읽고 물이 부족하면 어떤 문제가 생기는지 알아봅시다.

> 오늘도 학교에 가지 못했다. 물을 얻으려면 집에서 1시간은 걸어 강가로 가야 하기 때문이다. 요즘 물을 뜨러 가는 길에 나쁜 일을 당한 사람이 많다는 소문을 들어서인지, 오늘따라 물을 길으러 가기 무서웠다. 하지만 물을 떠 오지 않으면 우리 가족이 제대로 생활할 수 없기에 어쩔 수 없이 가야 했다.
>
> 무거운 물을 들고 집까지 오느라 팔이 떨어질 것 같았다. 집으로 돌아왔더니 동생이 아파서 누워 있었다. 아마도 더러운 물 때문에 배앓이를 하는 것이겠지. 2시간이나 걸려서 떠 온 물은 전혀 깨끗하지 않다. 오염된 물임을 알면서도 우리는 이 물을 마셔야만 한다.

① 샤샤가 겪고 있는 문제 상황을 정리해 봅시다.

② 물이 부족하거나 더러우면 어떤 문제가 생길지 생각하고 마인드맵을 그려 봅시다.

2. 다음 자료를 보고 물 발자국을 알려 주는 사이트에 들어가서 내가 하루에 얼마만큼의 물 발자국을 남기는지 확인해 봅시다.

사용한 물품	횟수, 개수	물 발자국
㉮ 우유	1잔	255 ℓ

| 도움 |

물 발자국 사이트 waterfootprint.org ▶ Water footprint
▶ Product water footprint ▶ Product gallery

두 번째 걸음: 물 부족 문제의 원인을 살펴요

❖ **다음 글을 읽고 세계의 여러 나라에서 물과 관련해 겪는 어려움을 알아봅시다.**

케냐는 아프리카의 최대 꽃 수출국이에요. 유럽 연합으로 수입되는 절화(꺾은 꽃)의 약 38%가 케냐에서 공급됩니다. 케냐에는 300개가 넘는 꽃 수출 업체가 있고 꽃과 관련한 일을 하는 사람이 약 9만 명에 이릅니다. 그중 제인은 장미 농장에서 일했어요. 농장에서 힘들게 일해서 번 돈은 한 달에 100유로(약 13만 원)였습니다. 제인은 '깨끗한 물에 대한 소유권'이 가장 큰 문제였다고 말했습니다. 농장주가 마을의 깨끗한 물을 철저하게 통제하기 때문에 정작 주민들은 깨끗한 물을 자유롭게 쓸 수 없다고 합니다. 깨끗한 물은 장미를 위해 사용되었습니다. 여러 가족이 적은 물로 생활할 수밖에 없었고, 여러 아이가 전염병에 걸렸지요.

탄자니아 잔지바르섬은 해외 관광객들에게 인기가 많아요. 잔지바르섬에 있는 여러 호텔에는 샤워 시설, 수영장, 골프 코스 등이 잘 갖추어져 있습니다. 문제는 관광객과 현지 주민이 쓸 수 있는 물의 양 차이가 크다는 것입니다. 지역 주민들의 하루 평균 물 소비량이 약 93.2ℓ인데 5성급 호텔의 객실당 하루 평균 물 소비량은 3,165ℓ에 이른다고 합니다. 호텔들은 마을에 있는 동굴을 사들여 그곳에서 나오는 물을 독점했습니다. 극심한 물 부족 문제를 겪던 주민들이 호텔로 연결되는 수도관을 파괴하려고 해서, 호텔에서 보안 요원을 고용하기도 했습니다.

① **케냐와 탄자니아 주민들이 겪는 어려움과 그 이유를 정리해 봅시다.**

- 케냐의 주민:

- 탄자니아의 주민:

② 케냐와 탄자니아 주민을 대상으로 가상 인터뷰를 해 봅시다.

- 질문:

  케냐 주민:

- 질문:

  탄자니아 주민:

③ ①, ②를 바탕으로 장미 농장이나 호텔 주인에게 건의하는 글을 써 봅시다.

| 세 번째 걸음 | **물 발자국을 줄여요** |  |

1. 첫 번째 걸음에서 '샤샤'가 했던 물 긷기를 체험해 봅시다.

① 직접 코스를 짜서 1인당 2ℓ 페트병 4병에 물을 가득 떠 와 봅시다.

② 물 뜨러 다녀오는 데 걸린 시간을 확인해 봅시다.

③ 물 뜨기 체험을 하고 난 소감을 말해 봅시다.

2. 다음 지표를 확인하여 물 발자국 줄이기를 실천해 봅시다.

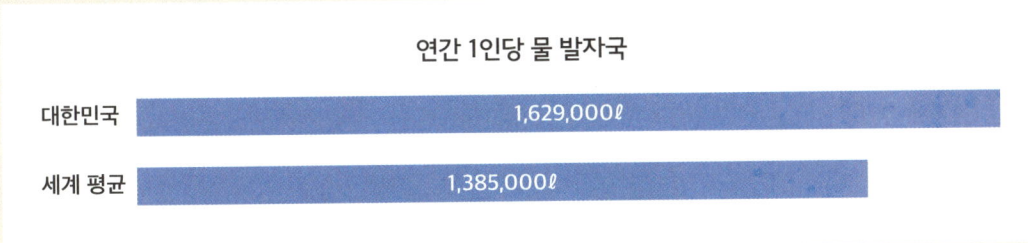

① 우리에게 어떤 행동이 요구될지 생각해 봅시다.

② 물 발자국을 줄이기 위해 내가 실천할 일을 적어 봅시다. 일주일 동안 실천한 후, 인증 사진을 붙여 봅시다.

③ 물 발자국 줄이기를 실천한 소감을 말해 봅시다.

달력에서 만나는 세계 기념일

세계 물의 날

3월 22일은 '세계 물의 날'입니다. 세계적으로 인구가 늘고 경제 활동이 활발해져 강이나 바다가 오염되어 먹을 수 있는 물이 줄어들었습니다. 이날은 이를 해결하기 위해 국제적으로 협력해 물 관련 문제의 심각성을 인식하고 수자원을 보호하자는 취지에서 만들어졌습니다.

우리는 수도꼭지만 돌리면 물을 쉽게 쓸 수 있어요. 그러니 물이 흔하다고 생각할 텐데요. 하지만 전 세계 약 2억 5,500만 명은 물이 부족해 삶이 큰 위기에 빠져 있습니다. 우리나라도 일부 지역과 도서 지역은 매년 물 부족 문제를 겪고 있고요. 가뭄과 홍수 등의 기상 이변이 더욱 잦아져 사용할 수 있는 수자원은 계속 줄고 있습니다. 물은 인류 생존에 꼭 필요하기에 물을 아끼고 확보하려는 노력이 필요합니다.

❖ 환경부는 2020년 세계 물의 날을 기념해 물의 소중함을 느낄 수 있는 노래를 만들었습니다. 영상을 보며 노래를 배워 봅시다.

기억하기

❖ 글, 그림 등의 방법을 활용하여 수업에서 배운 내용을 정리해 봅시다.

Chapter 04

책임감 있는 생산과 소비

1. 다음 SNS 게시물을 보고 댓글을 달아 봅시다.

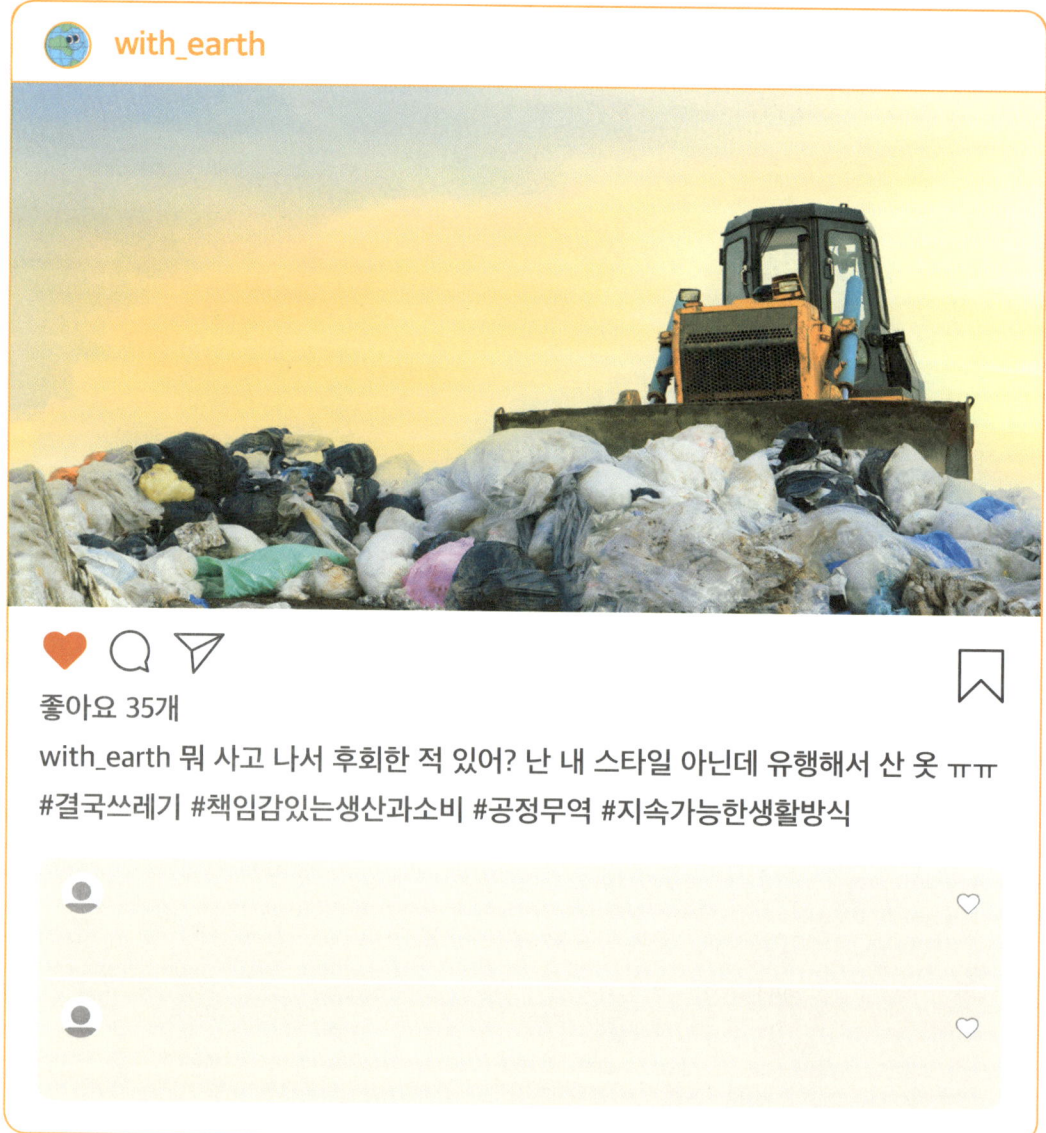

with_earth

좋아요 35개

with_earth 뭐 사고 나서 후회한 적 있어? 난 내 스타일 아닌데 유행해서 산 옷 ㅠㅠ
#결국쓰레기 #책임감있는생산과소비 #공정무역 #지속가능한생활방식

2. 다음 만화를 보고 수업에서 무엇을 배울지 생각해 봅시다.

145

첫 번째 걸음: 지속 가능한 생산을 지지해요

1. '지속 가능한 생산'의 의미가 무엇인지 찾아봅시다.

지속 가능한 생산이란,

2. 지속 가능한 생산을 추구하는 회사의 사례를 살펴봅시다.

지속 가능한 생산 추구 사례

미스핏츠 마켓

업사이클링 식품 산업을 이끄는 대표적인 기업이다. 못생긴 농산물을 제품으로 판매하는 구독 서비스를 제공한다.

프라이탁

버려진 트럭 방수천과 자동차 안전벨트, 자전거 폐타이어 등을 활용해 가방과 지갑으로 만들어 판매한다. 세상에 하나밖에 없는 디자인이라는 점에서 차별점을 두고 있다.

아름다운 커피

공정 무역을 통해 빈곤을 심화시키는 현재의 무역을, 빈곤을 해결하는 수단으로 바꾸려는 사명을 가진 사회적 기업이다. 공정 무역 교실을 운영하여 청소년이 공정 무역을 학습하고 캠페인 활동을 할 수 있도록 지원한다.

지구

3. 지속 가능한 지구를 위해 업사이클링, 공정 무역, 친환경 등의 생산 방식을 추구하는 사례를 더 찾아봅시다.

사례 1

사례 2

사례 3

두 번째 걸음: 달콤한 초콜릿에 숨은 쓰디쓴 이야기를 살펴요

1. 초콜릿이 생산되어 소비자에게 오기까지의 과정을 순서대로 정리해 봅시다.

1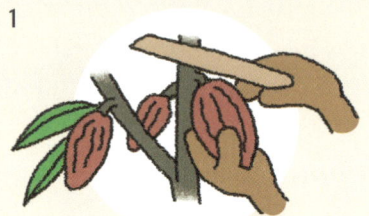
카카오나무에서 카카오 따기

2
카카오에서 카카오콩 꺼내기

3
카카오 버터 등 여러 재료를 섞어 휘젓기

4
식히고 굳힌 뒤에 가공, 포장하여 초콜릿 완성하기

5
120~160도 온도에서 카카오콩 볶기

6
껍질을 제거한 카카오콩 곱게 갈기

7
카카오콩을 갈아서 만든 카카오 매스에서 카카오 버터 뽑아내기

8
카카오콩 껍질 벗기기

1 → ☐ → 5 → ☐ → ☐ → ☐ → ☐ → ☐

2. 다음 글을 읽고 카카오 재배 지역에 어떤 문제점이 있는지 찾아봅시다.

> 많은 사람이 좋아하는 달콤한 초콜릿은 카카오를 가공하여 만든 것입니다. 카카오는 크고 무거우며 나무의 높은 곳에 매달려 있지요. 초콜릿을 만들기 위해 여러분처럼 어린 친구들이 위험한 도구를 들고 카카오를 따는 것을 알고 있나요?
>
> 카카오나무 대부분은 아프리카 대륙에서 자랍니다. 아프리카의 많은 나라에서 어린이들이 카카오를 따고 있습니다. 그러나 가공된 초콜릿은 비싸기 때문에 그것을 먹어 본 적이 없는 아이들도 많습니다. 일하느라 학교에서 공부하지 못하고, 위험한 일을 하다가 다치기도 합니다.
>
> 게다가 카카오 농부들은 열심히 일해도 정당한 대가를 받지 못해 가난을 벗어나기 힘듭니다. 예를 들어, 우리가 1,000원짜리 초콜릿 하나를 사면 카카오 농부에게는 약 50원 정도가 돌아갑니다. 초콜릿에는 다른 재료도 들어가고 운반비와 제조비도 듭니다. 나라에서 세금도 걷어 가고 나머지는 초콜릿 회사와 상점의 이익이 됩니다.

3. 공정 무역의 필요성에 대해 생각해 봅시다.

① 공정 무역의 정의와 기준을 파악해 봅시다.

공정 무역은 기존에 행해지던 국제 무역의 구조적인 문제를 해결하려 만든 것으로, 서로 간에 혜택이 동등한 가운데 이루어지는 무역을 말해요. 공정 무역은 생산자와 무역업자 그리고 기업과 소비자의 파트너십에 기반을 두고 있어요. 농부들이 공정 무역 기준에 따라 인증된 농산물을 판매할 때, 더 나은 조건의 무역 거래를 보장하는 것이지요.

공정 무역의 원칙

❶ 소규모 생산자가 시장에 상품을 내놓을 수 있는 적절한 운영 조직을 갖추고, 투명하고 민주적으로 운영해야 해요.
❷ 공정 무역 최저 가격을 보장해 농부가 정당한 대가를 받게 해요. 그리고 공정 무역 장려금을 제공해, 농부와 지역 사회의 발전을 위한 일에 사용해요.
❸ 구매자는 생산자가 원하는 경우 재정적인 지원을 해야 해요.
❹ 생산자는 환경을 배려하는 방식으로 농사를 지어요.
❺ 강제 노동과 아동 노동을 금지해요.

② 많은 사람이 공정 무역 초콜릿을 선택할 때 카카오 농장의 모습은 어떻게 바뀔지 상상하고 그림이나 글로 표현해 봅시다.

나와 지구가 함께 행복한 윤리적 소비를 해요

❖ **4명씩 모둠을 만들어 윤리적 소비의 기준을 세워 봅시다.**

① 친구들과 윤리적 소비를 실천하는 방법이나 지향하는 가치에 대해 이야기하고 각자 1가지씩 써 봅시다.

② ①에서 적은 내용을 발표해 봅시다. 다른 모둠의 발표 내용을 듣고 우리 모둠의 퍼즐에 포함할 수 있는 내용 2가지를 골라 봅시다.

_____

_____

_____

③ 반 전체의 퍼즐을 하나로 합쳐서 우리의 실천 약속을 만들어 봅시다.

함께 웃는 지구촌을 위한 우리의 약속

④ ③에서 적은 다짐을 실천하고 인증 사진을 찍어 붙여 봅시다.

달력에서 만나는 세계 기념일

5월 2주 토요일
세계 공정 무역의 날

매년 5월 둘째 주 토요일은 '세계 공정 무역의 날'입니다. 전 세계에 공정 무역이 무엇인지 알리고, 공정 무역에 활발히 참여하기를 촉구하려고 만들어졌습니다. 이를 위해 세계공정무역기구 등의 주요 공정 무역 기구와 공정 무역과 관련한 전 세계의 기관, 조직, 단체, 시민이 함께 캠페인을 벌이는 날이에요.

어떤 제품이 공정 무역 제품인지 어떻게 확인할 수 있을까요? 다음 마크가 붙어 있는지 살피면 돼요.

▲ 국제공정무역기구 마크

▲ 세계공정무역기구 마크

❖ 공정 무역 제품을 살 수 있는 곳은 국제공정무역기구 한국 사무소 사이트에서 확인할 수 있어요. 우리 주변에서 공정 무역 인증 제품을 파는 곳을 찾아봅시다.

기억하기

❖ 글, 그림 등의 방법을 활용하여 수업에서 배운 내용을 정리해 봅시다.

Chapter 04

도대체 날씨가 왜 이러지?

1. 다음 SNS 게시물을 보고 댓글을 달아 봅시다.

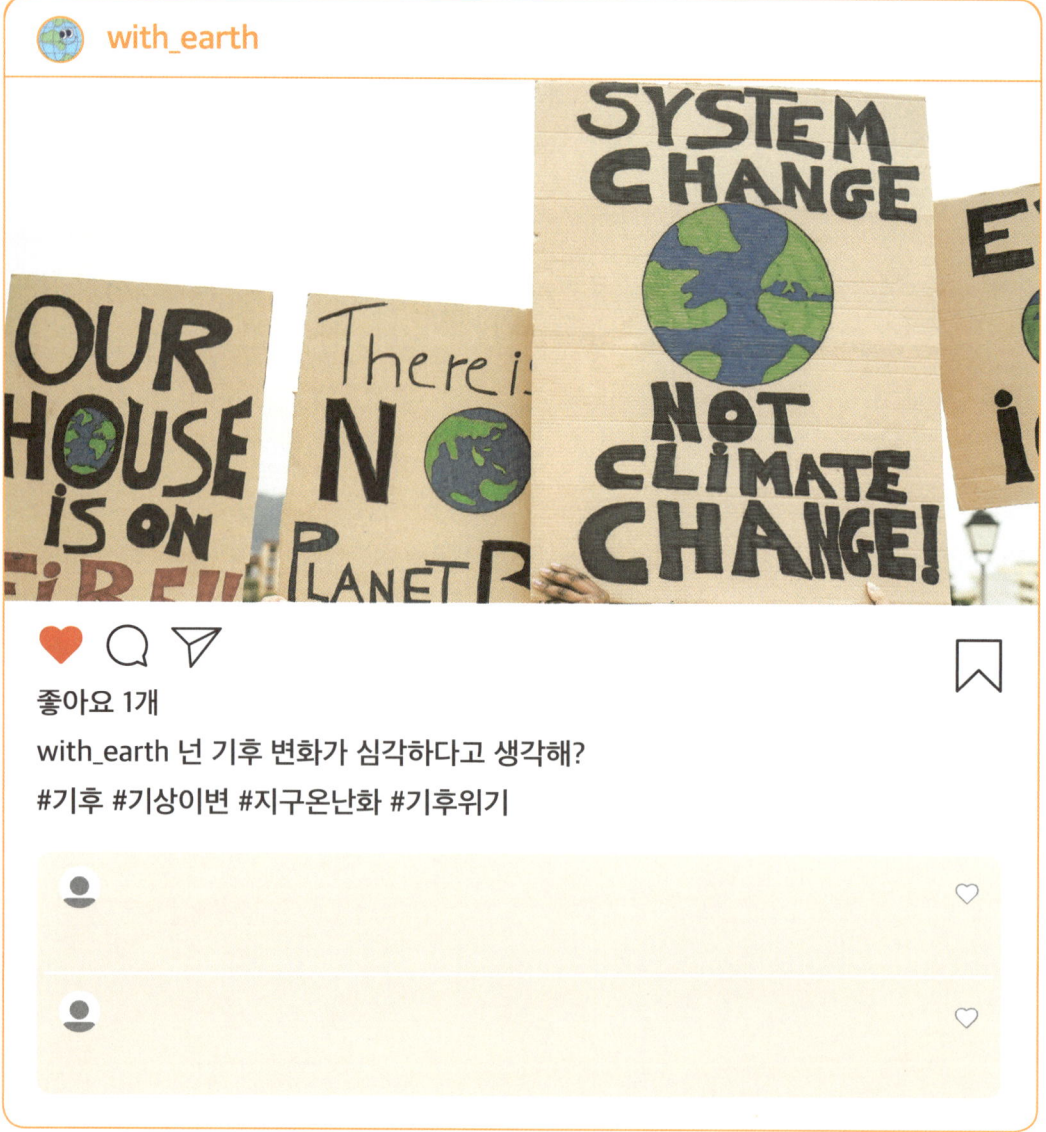

with_earth

좋아요 1개

with_earth 넌 기후 변화가 심각하다고 생각해?
#기후 #기상이변 #지구온난화 #기후위기

2. 다음 만화를 보고 수업에서 무엇을 배울지 생각해 봅시다.

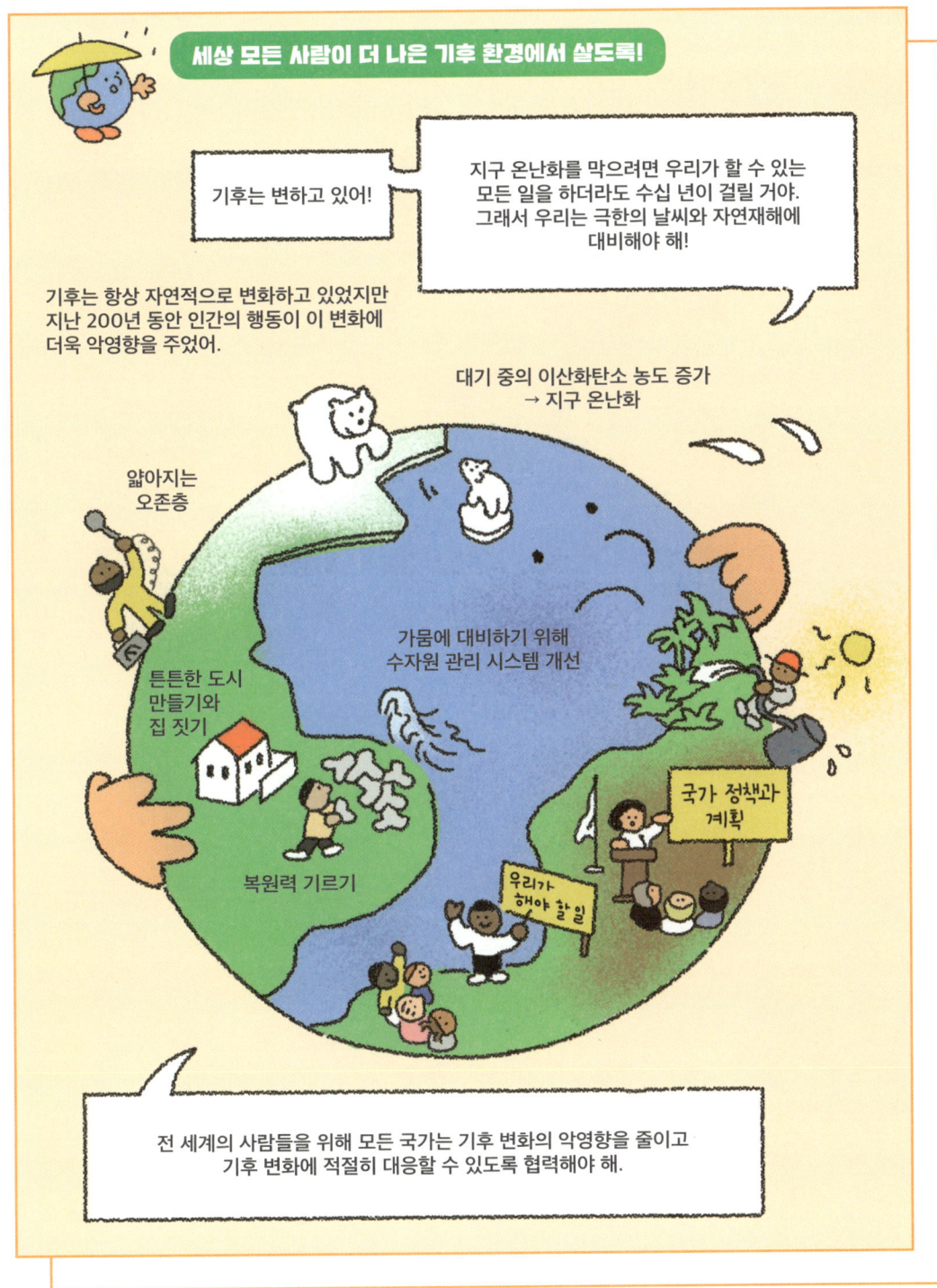

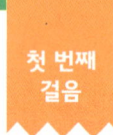

첫 번째 걸음 | 지구의 기후 변화에 대해 살펴요

1. 다음 지도를 보고 전 세계에 일어나는 기상 이변에 대해 알아봅시다.

① 기상 이변으로 발생한 문제를 써 봅시다.

② 지구촌 곳곳에 최근 들어 기상 이변이 일어나고 있는 이유는 무엇인지 알아봅시다.

2. 다음 글을 읽고 기후 변화의 심각성에 대해 생각해 봅시다.

남태평양의 섬나라 키리바시에 사는 이와네 테이티오타는 2015년 뉴질랜드 정부에 자신을 난민으로 받아줄 것을 요청했습니다. 지구 온난화 때문에 키리바시의 바닷물 수위가 올라가면서 주민들의 생명이 위협받았기 때문입니다. 그러나 거절당하고 이후 유엔인권위원회에 진정을 제기했습니다. 2020년 유엔은 기후 변화 때문에 사람들이 생존을 위협받는 경우 그들을 강제로 본국으로 보내면 안 된다고 발표했습니다.

기후 난민이란 기후 변화 때문에 나타나는 자연재해로 생존권을 위협받아 원래 살고 있던 터전을 떠나야 하는 사람들을 말합니다. 최근 급격한 기후 변화 때문에 키리바시를 포함한 남태평양의 섬들은 바다에 잠길 위기에 처했어요. 이와네가 사는 키리바시는 해수면이 크게 상승해 섬 2개가 이미 바닷속으로 사라졌어요.

① 이와네 데이티오타가 왜 기후 난민으로 인정받았는지 말해 봅시다.

② 키리바시 외에 어떤 곳이 기후 변화로 고통받고 있는지 조사해 봅시다.

 **두 번째 걸음**

지구 온난화가 불러온 결과를 알아요

1. 다음 글을 읽고 차드 호수의 미래를 생각하며 제시된 물음에 답해 봅시다.

여러분, 차드 호수를 아시나요? 최근 40년 사이 면적이 95% 줄고 20년 후면 사라질 운명에 처한 곳, 생태계가 파괴되어 농민들의 생존이 심각하게 위협받는 곳입니다. 아프리카 사하라 사막 이남의 사헬 지역에 있어요.

한때 세계에서 가장 큰 호수에 속했던 차드호는 2000년에 들어와서 그 크기가 95%가량 줄었어요. 이젠 호수라고 할 수 없을 정도로 습지의 모습을 하고 있지요.

전문가들은 지구 온난화가 이 지대에 급격한 사막화를 초래하여 차드호가 이렇게 되었다고 봅니다. 이대로라면 차드호는 20년 이내에 지구에서 사라진다고 해요.

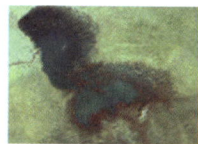
1973년　1987년　1997년

2001년

- 차드호에 사막화가 계속 진행된다면 그 지역 주민들은 어떤 어려움을 겪을까요?

- 결국 차드호가 사라진다면 전 세계에 어떤 영향을 미칠까요?

2. 지구 온난화의 원인인 온실가스 발생에 대한 실험을 해 봅시다.

① 온실가스 발생 실험 일지를 완성해 봅시다.

실험 일지	
목표	온실가스가 지구 온난화에 미치는 영향을 이해한다.
준비물	페트병 2개, 물, 물에 타 먹는 비타민, 온도계, 고무찰흙, 백열 스탠드
실험 과정	❶ 페트병 2개를 준비한다. ❷ 두 병에 같은 온도의 물을 넣는다. ❸ 한쪽 페트병에 물에 타 먹는 비타민을 넣고 완전히 녹을 때까지 기다린다. ❹ 페트병 입구에 각각 온도계를 꽂고 고무찰흙으로 빈틈을 막는다. ❺ 백열 스탠드 조명 아래에 두고 온도 변화를 관찰한다.
관찰 내용	
느낀 점	

② 온실가스 발생을 줄이기 위해 우리가 할 수 있는 일을 찾아봅시다.

세 번째 걸음: 이산화탄소를 함께 줄여요

1. 우리가 일상생활에서 배출하는 이산화탄소의 양을 나타낸 다음 표를 보고, 내가 하루에 평균적으로 배출하는 이산화탄소의 양을 구해 봅시다.

 1인당 하루 평균 배출하는 이산화탄소의 양: 33.61kg

항목	이산화탄소의 양	항목	이산화탄소의 양
일회용 컵 사용 1개	11g	세탁기 사용 60분	791g
양치하기 3분	17g	함박스테이크 굽기 1인분	3,668g
샤워하기 15분	86g	컴퓨터 사용 10시간	258g
헤어드라이어 사용 5분	43g	전기밥솥 사용 10시간	752g
에어컨 켜기 5시간	1,830g	형광등 켜기 10시간	103g
텔레비전 보기 2시간	129g	냉장고 가동 24시간	554g

2. 이산화탄소 다이어트에 도전해 봅시다.

① 이산화탄소 배출을 줄이기 위하여 일상생활에서 우리 가족이 실천할 수 있는 일을 써 봅시다.

가족 구성원	실천 내용	주의할 점

② 이산화탄소 다이어트 일기를 써 봅시다.

달력에서 만나는 세계 기념일

세계 환경의 날

6월 5일은 '세계 환경의 날'로, 1972년 유엔인간환경회의에서 국제 사회가 지구 환경을 보전하기 위해 함께 노력하기를 다짐하며 제정했습니다. 이 회의에서 유엔환경계획이라는 기구가 만들어졌는데, 여기가 주체가 되어 매년 세계 환경의 날 주제를 정하고, 한 나라를 지정해 다양한 행사를 진행합니다.

'운명의 날 시계'는 기후 위기를 포함한 환경 재난으로 처한 인류 위기를 상징적으로 보여 줍니다. 2022년의 분침은 '23시 58분 20초'로, 자정이 되기 100초 전입니다. 우리는 분침을 뒤로 돌릴 수 있을까요?

❖ 환경의 날을 맞아 4행시를 지어 봅시다.

환	_____
경	_____
의	_____
날	_____

164

기억하기

❖ 글, 그림 등의 방법을 활용하여 수업에서 배운 내용을 정리해 봅시다.

Chapter 04

지금 바다에서 일어나는 일

1. 다음 SNS 게시물을 보고 댓글을 달아 봅시다.

with_earth

좋아요 100개
with_earth 이 펭귄은 우리에게 무슨 말을 하고 싶은 걸까?
#해양오염 #지속가능한_해양연안생태계 #무섭고슬퍼

2. 다음 만화를 보고 수업에서 무엇을 배울지 생각해 봅시다.

| 첫 번째 걸음 | **우리가 버린 쓰레기를 되돌아봐요** |  |

❖ 오세나 작가의 그림책 『검정 토끼』의 일부를 읽고 작품의 의미를 생각해 봅시다.

검정 토끼들이 바스락바스락.

숲속에서 뿌직 퐁퐁,
푸른 나무보다 커지고,
커지고,
커지고,
커지고……

터지고,
풀리고,
대롱대롱 매달리고,
한가득 쌓이고.

높이 올라
하늘과 바다가
푸른빛으로 하나 되는 곳까지
멀리 떠나요.

푸른빛 가득한 그곳에 도착하면
예쁜 씨앗들은 바스락 사뿐
내려앉고
깊이깊이 가라앉아,

오백 년 오색찬란하게
천 년이 지나도 죽지 않는
신비로운 색으로

살아가요.

① 작품을 읽고 느낀 점, 생각한 점을 써 봅시다.

② "오백 년 오색찬란하게 천 년이 지나도 죽지 않는 신비로운 색으로 살아가죠."의 의미는 무엇일지 친구들과 이야기해 봅시다.

③ 나의 실천 의지를 담아 작품의 내용을 새롭게 바꿔 봅시다.

참치 캔에 숨겨진 진실을 알아요

❖ **다음 글을 읽고 우리가 먹는 참치를 어떻게 잡는지 알아봅시다.**

우리는 음식을 만들 때 참치 캔을 자주 활용합니다. 맛도 좋고 보관하기도 편하고 가격도 비싸지 않아 많은 사람이 즐겨 먹는 참치 캔. 그런데 이 속에 불편한 진실이 숨어 있는 것을 아나요?

우리가 참치로 알고 있는 '다랑어'는 크게 7가지 어종으로 분류됩니다. 그런데 세계자연보전연맹에 따르면 이 중에서 대서양참다랑어와 남방참다랑어는 '멸종 위기종'과 '심각한 위기종'으로 분류되었고, 다른 두 종류도 '멸종 취약종'으로 분류되어 있습니다. 앞으로 참치를 보기 어려워질지도 모른다는 뜻이지요.

참치가 멸종하면 단순히 우리가 참치를 먹지 못한다는 문제를 넘어 더 심각한 일이 생깁니다. 바다의 최상위 포식자인 참치가 사라진다면, 먹이 사슬의 균형이 깨져 바다의 생태계가 무너질 수 있기 때문이에요.

참치는 어쩌다 멸종 위기에 처했을까요? 단순해요. 우리가 지금까지 참치를 마구잡이로 너무 많이 잡았기 때문입니다. 참치잡이 배들은 '죽음의 덫'이라고 불리는 집어장치로 참치를 모으는데, 축구장 60개가 들어갈 만큼의 큰 그물을 200미터의 깊이로 펼쳐서 참치를 싹쓸이합니다. 이 그물에는 새끼 참치뿐 아니라 다른 물고기들까지 모조리 걸리게 되지요. 또는 아주 긴 낚싯줄에 수천 개의 낚싯바늘을 달아 한 번에 엄청난 양의 참치를 잡곤 합니다.

지구

① 참치 캔에 숨겨진 진실이 무엇인지 정리해 봅시다.

② 모둠별로 이 내용을 카드 뉴스로 만들어 봅시다.

세 번째 걸음 | 플라스틱 사용을 줄여요

1. 다음에 제시된 쓰레기가 어떻게 되었을지 어디로 갔을지 생각해 봅시다.

페트병	플라스틱 컵	비닐봉지
71,400t, 49억 개	45,900t, 33억 개	469,200t, 235억 개
생수병의 평균 지름이 10cm 일 때 지구의 10.6바퀴	14oz 컵으로 약 지구에서 달까지의 거리	종량제 봉투 20ℓ(무게 20g)로 한반도의 약 70%를 덮는 면적

2. 다음 글을 읽고 내가 자주 가는 가게에서 플라스틱이나 비닐 등의 일회용품 없이 살 수 있는 물건은 무엇인지 찾아봅시다.

> 바다를 오염시키고 바다 생물들의 목숨을 위협하는 플라스틱 쓰레기 문제는 우리의 생활과 밀접히 연관되어 있어요. 플라스틱이나 비닐 등 일회용품을 줄이는 것이 바다를 구하기 위한 작은 실천이 될 수 있습니다.
> 제로 웨이스트(Zero Waste)는 쓰레기를 만들어 내지 않는 생활 양식을 말해요. 이는 분리수거나 일회용품 줄이기보다 더 적극적인 실천으로, 생산한 제품이 바다나 매립지 등으로 버려지는 쓰레기가 되지 않도록 책임 있는 생산, 소비, 재사용 및 회수를 통해 모든 자원을 보존하는 것을 강조합니다. 쓰레기를 줄이려는 개인의 실천과 더불어, 쓸데없는 소비를 줄여 낭비하지 않으려는 사회적 차원의 노력이 필요합니다.

지구

3. 일상에서 플라스틱 쓰레기를 줄여 봅시다.

① 내가 할 수 있는 구체적 실천 목표를 세워 봅시다.

② ①에서 세운 목표를 일주일 동안 실천하며 일지를 써 봅시다.

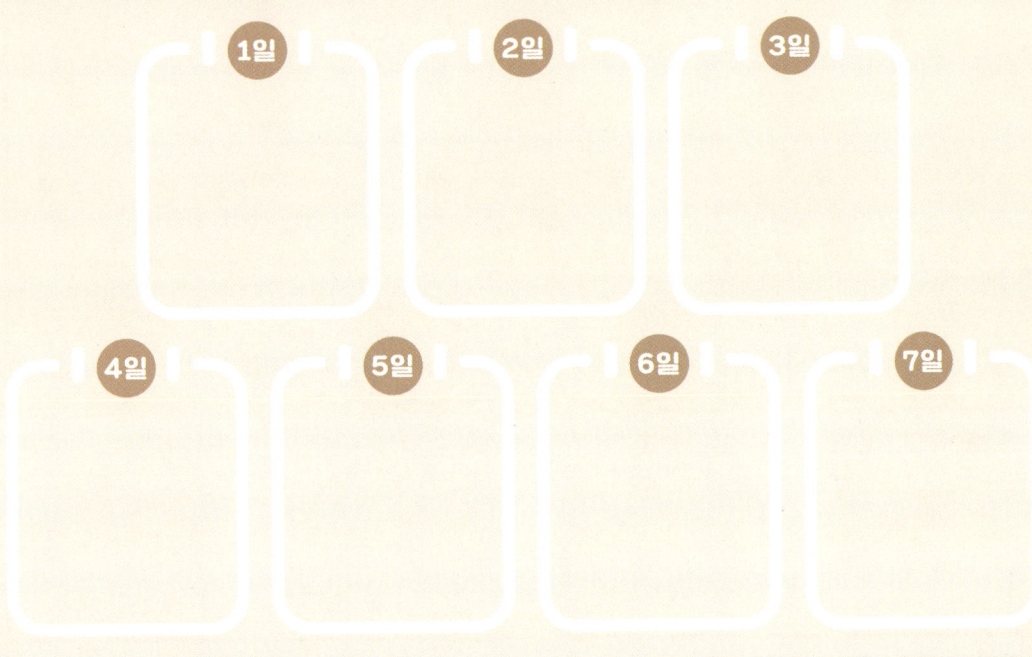

달력에서 만나는 세계 기념일

07/03
세계 비닐봉지 없는 날

7월 3일은 '세계 비닐봉지 없는 날'입니다. 2008년 스페인의 국제 환경 단체인 '가이아'의 의견으로 만들어졌는데요. 비닐 쓰레기의 심각성을 알리고 딱 하루만이라도 비닐봉지를 쓰지 말 것을 제안하며 만들어진 날입니다.

인도네시아 발리에 사는 10대 소녀 멜라티 위즌과 이사벨 위즌의 이야기를 찾아보세요. 두 소녀는 '바이 바이 플라스틱 백' 단체를 세우고 비닐봉지 없는 발리를 만들기 위해 꾸준히 활동했어요. 이처럼 나이가 어려도 세상을 바꿔 나갈 수 있다는 사실을 잊지 마세요.

❖ 비닐봉지 대신에 에코백을 써 봅시다. 언제나 가지고 다니고 싶도록 에코백을 꾸며 볼까요? 하지만 에코백이라고 자꾸 새로 사면 안 된다는 것, 잘 알고 있지요?

기억하기

❖ 글, 그림 등의 방법을 활용하여 수업에서 배운 내용을 정리해 봅시다.

Chapter 04

지금 땅 위에서 일어나는 일

1. 다음 SNS 게시물을 보고 댓글을 달아 봅시다.

with_earth

좋아요 99개

with_earth 이 숲에는 누가 살까? 한번 떠올려 봐!
#육상생태계 #생물다양성 #토지황폐화안돼

2. 다음 만화를 보고 수업에서 무엇을 배울지 생각해 봅시다.

 ## 동물들이 고통받는 이유를 알아요

❖ 전 세계의 많은 동물이 목숨을 위협받고 있습니다. 동물과 그들의 목숨이 위태로운 이유를 선으로 연결해 봅시다.

· · 사람들은 내가 살아 있는 상태에서 가슴부터 배까지의 털을 손으로 뜯어내요. 1년에 서너 번씩 그 일을 반복하면 나는 더 이상 그 고통을 견딜 수 없어요.

· · 사람들이 휴대전화를 만드는 데 필요한 콜탄을 캐기 위해 우리의 서식지를 훼손했어요. 나는 멸종 위기에 처해 있고, 매년 5%씩 우리 개체 수가 감소하고 있어요.

· · 용의 뿔을 닮았다고 해서 사람들은 내 뿔을 귀한 재료라 여기고 한약에 넣었어요. 뿔을 자를 때 마취 없이 전기톱으로 자르기도 해요. 피가 멈추지 않으면 나는 죽어요.

· · 사람들은 나에게 커피 열매를 먹이고 내가 눈 똥에서 원두를 골라 커피를 만들어요. 그러기 위해 우리에 가두고 소화 기관을 약하게 하는 유동식을 먹여요. 나는 우리 안에서 2, 3년이면 죽어요.

육지 생태계 피라미드의 균형을 고민해요

1. 다음 육지 생태계 피라미드의 균형이 깨지면 어떻게 될지 짐작해 봅시다.

① 다음 가상 뉴스를 보고 피라미드에서 독수리가 없어지면 다른 생물들이 행복하게 살 수 있을지 생각해 봅시다.

> 2144년 8월, 생김새가 무서워서 혐오감을 준다는 이유로 사람들은 독수리를 멸종시켰습니다. 많은 이들은 독수리가 사라지기를 바랐지만, 막상 독수리가 사라지니 그의 먹이였던 뱀이 기하급수적으로 늘어나 또 다른 걱정거리가 생긴 상황입니다. 하천 인근의 산책로는 뱀의 이동 통로가 되어 사람들이 산책하기 어렵게 되었습니다.
>
> 2144년 12월, 모든 산책로가 풀로 뒤덮였습니다. 무성한 풀 때문에 날벌레와 곤충이 너무 많아져 사람들은 이제 산책로를 이용하지 않습니다. 지난 8월 독수리가 사라진 뒤 개체 수가 많이 늘어난 뱀이 쥐를 모두 잡아먹어 먹이가 없어졌기에, 뱀도 사실상 멸종한 상황입니다. 불과 1년 전, 활기찼던 산책로는 이제 온데간데없습니다.

② ①과 같은 상황이 왜 발생했는지 이에 대해 어떤 생각이 들었는지 말해 봅시다.

2. 생물 다양성 감소의 위험에 대해 경고한 학자들의 말을 읽고 말풍선에 내 생각을 써 봅시다.

동물학자 제인 구달

생물 다양성은 거미줄과 같아요. 거미줄의 줄이 한두 개씩 끊어지면 거미줄이 점점 약해지는 것처럼, 동식물 종이 하나씩 없어지면 '생명의 그물망'이 끊겨 나가 지구의 안전망에 구멍이 생기고, 균형이 무너지게 됩니다.

생태학자 최재천

생물 다양성 감소를 젠가 게임과 같다고 비유했는데, 생태계는 젠가 게임의 끝처럼 굉음을 내며 한순간에 무너져 내리는 것이 아닐지도 모릅니다. 악기들이 빠져나가는 와중에도 연주가 계속되는 것처럼 조용하게 끝을 향해 가고 있을 수도 있습니다. 시간이 지날수록 소리는 단선적이고 조용해질 것입니다. 그리고 끝내 연주를 할 수 없을 때 우리는 함께 사라질 것입니다.

나

| 세 번째 걸음 | **지속 가능한 패션을 추구해요** |

1. 지속 가능한 패션이 무엇인지 알아봅시다.

> 패딩 점퍼의 충전재로 쓰기 위해 살아 있는 거위의 털을 뽑는 영상이 공유되어 인터넷이 떠들썩했던 적이 있습니다. 생산력을 높이기 위해 살아 있는 상태에서 털을 뜯어낸다는데, 내 패딩 점퍼를 만들기 위해 거위가 그렇게 고통을 겪다니요. 많은 사람이 경악을 금치 못했습니다.
>
> 사람들의 인식 변화로 동물의 가죽이나 털을 얻기 위해 그들을 해치지 말자는 목소리가 커졌습니다. 동물의 털 대신 인공 충전재를 사용하거나, 버려진 패딩이나 이불에 사용된 털을 재활용하는 방식이 늘어나고 있습니다. 실제로 여러 브랜드에서 웰론과 같은 인공 충전재로 만든 제품이나 재활용 소재를 활용한 재생 패딩 제품을 출시하고 있습니다.

① 지속 가능한 패션의 종류 두 가지를 찾아서 적어 봅시다.

제품명	기존 사용 소재	지속 가능한 패션 소재
㉾ 패딩 점퍼	거위털, 오리털	버려진 이불에서 얻은 털

② 다른 친구들이 조사한 내용 중에서 인상 깊은 제품 두 가지를 적어 봅시다.

제품명	기존 사용 소재	지속 가능한 패션 소재

2. 1을 바탕으로 지속 가능한 패션을 만들어 봅시다.

① 내가 바라는 '지속 가능한 패션'을 정리해 봅시다.

② 친구들과 함께 모둠 최고의 패션과 우리 반 최고의 패션을 뽑아 봅시다.

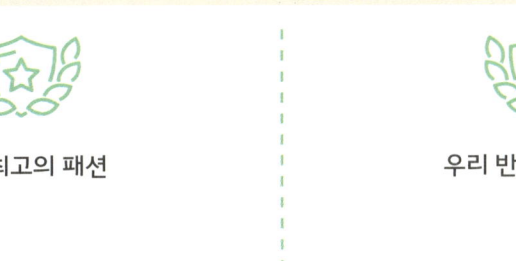

모둠 최고의 패션   우리 반 최고의 패션

③ 우리 반의 '지속 가능한 패션'을 더 발전시킬 아이디어를 적고, 힘을 모아 '우리 반의 지속 가능한 패션'을 직접 만들어 봅시다.

달력에서 만나는 세계 기념일

05/22
세계 생물 다양성의 날

5월 22일은 '세계 생물 다양성의 날'입니다. 다양한 생물을 보호하기 위해 사라져 가는 생물에 관심을 갖고, 그러한 문제를 해결해 나가자는 취지로 이날을 만들었습니다. 우리는 그동안 인간이 생태계의 나머지보다 더 우월하다고 생각했습니다. 생물과 무생물을 포함한 자연의 모든 것이 인간의 것이기에, 인간은 그것을 마음대로 사용할 수 있다고 여겼습니다. 모두의 생존을 위해 그런 오만함을 내려놓아야 할 때입니다.

❖ **생물 다양성 보호를 주제로 한 4컷 만화를 그려 봅시다.**

기억하기

❖ 글, 그림 등의 방법을 활용하여 수업에서 배운 내용을 정리해 봅시다.

파트너십

● 우리 모두는 세계 시민입니다

　우리는 오늘만 생각하지 않고 내일을 기대합니다. 사회가 인간의 존엄성을 회복하는 방향으로 발전하기 바라고, 모두에게 따뜻한 경제 환경이 마련되기를 바라지요. 지속 가능한 지구를 위해 환경을 보존하려고 애씁니다.
　이 목표를 달성하기란 매우 어려운 일입니다. 왜냐하면 '단 한 사람도 소외되지 않게 할 것'이 목표의 핵심 가치거든요. 한 사람의 힘, 한 국가의 노력만으로는 절대 이룰 수 없어요. 전 세계 모든 국가에서 사람들이 '자신의 문제'라고 받아들이고 책임감을 가져야 해요.
　여기에서 우리는 지구에 평화를 정착하기 위해 노력한 사람들을 만나고, 지속 가능한 지구를 만들기 위해 우리가 지금까지 걸어온 발걸음을 연결해 볼 거예요.

Chapter 05

우리 모두는
세계 시민입니다

1. 다음 SNS 게시물을 보고 댓글을 달아 봅시다.

with_earth

좋아요 770개

with_earth 우리는 모두 연결되어 있다는 거 알지! 우리 함께 세계 시민이 될래?
#대답은한글자 #평화 #세계시민 #시민단체 #SDGs

2. 다음 만화를 보고 수업에서 무엇을 배울지 생각해 봅시다.

> 첫 번째 걸음

평화를 위해 노력하는 사람들을 만나요

1. 평화에 기여한 세계의 사람들을 선정해 시상하는 노벨 평화상의 최근 수상자에 대해 알아봅시다.

2020년, 세계식량계획

코로나19라는 세계적인 전염병 비상 상황 속에 굶주림에 시달리는 가난한 나라의 사람들에게 식량을 전달해 온 이 기구의 공적이 높이 평가받았다.

2017년, 핵무기폐기국제운동

핵무기 없는 세계를 위한 노력에 새로운 방향과 활력을 불어넣은 이 단체는 조약에 근거해서 핵무기 금지 목표를 달성하려는 공로를 인정받았다.

2019년, 아비 아머드 알리

접경국 내 분리 독립 세력과의 오랜 분쟁을 끝낸 에티오피아의 총리. 평화와 함께 국제 협력을 달성하려는 노력, 특히 이웃 나라인 에리트레아와의 국경 분쟁을 해결하기 위한 결정적이고 진취적인 그의 결단이 높이 평가받았다.

2018년, 나디아 무라드

수니파 극단주의 무장 단체인 이슬람국가(IS)가 저지른 성폭력과 학대의 피해자로, 피해의 참상을 전 세계에 알린 이라크 야지디족의 인권 운동가. 난민 여성들의 실태를 알리고 그들의 인권 신장을 위해 높이 평가받았다.

2. 내 이름을 딴 평화상을 만든다면 누구에게 주고 싶은지 그 이유는 무엇인지 적어 봅시다. 그리고 ○○ 평화상장을 만들어 봅시다.

- 내가 선택한 수상자:

- 이유:

두 번째 걸음: 평화를 위한 노력을 연결해요

❖ 다음은 우리가 배운 17가지 주제의 대문 사진입니다. 17개의 대문 사진과 관련이 있다고 생각하는 지속가능발전목표 17가지를 모두 연결해 봅시다.

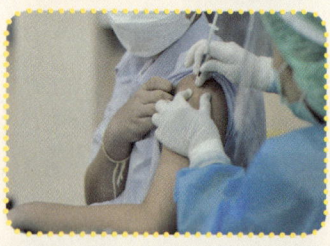

파트너십

세 번째 걸음: 세계를 위한 마음을 텔레파시로 보내요 — 선택 게임 1

❖ **다음 안내를 읽고 '텔레파시' 게임을 해 봅시다.**

운영
그룹 토론 플레이(그룹당 3~6인)

| 도움 |
책 뒤의 활동지를 사용해 게임해 봅시다.

준비물
- 사례 카드 18장, 색깔 카드 4장(보라색, 노란색, 분홍색, 파란색), 개인 시트
- 점수 토큰

승리 조건
친구의 선택을 정확히 추리하여 가장 많은 점수 토큰을 획득한 사람이 승리합니다.

게임 준비
- 사례 카드와 점수 토큰을 모두가 볼 수 있게 책상 중앙에 놓습니다.
- 색깔 카드 1장씩(모두 4장), 개인 시트 1장을 각자 가집니다.
- 책상 한쪽에 점수 토큰을 놓습니다.

게임 진행
❶ 가위바위보로 선 플레이어를 정한 후, 시계 방향으로 진행합니다.
❷ - 선 플레이어는 사례 카드 내용을 친구들이 들을 수 있도록 큰 소리로 읽습니다.
  - 사례를 읽은 후, 카드 아래에 있는 4가지 색깔의 GCED 문장 중, 평소 자기 생각과 가장 비슷한 문장을 마음속으로 선택합니다.
  - 선택한 문장과 같은 색의 색깔 카드를 다른 플레이어들이 보지 못하게 자기 앞에 뒤집어 놓습니다.

❸ - 다른 플레이어는 선 플레이어가 뒤집어 놓은 색깔 카드의 색을 추리하여, 해당하는 색깔 카드를 자신의 앞에 뒤집어 놓습니다.
- 필요한 경우, 선 플레이어는 다른 플레이어들에게 자신이 선택한 문장에 대한 힌트를 줍니다.
- 모든 플레이어가 자신의 앞에 색깔 카드를 뒤집어 놓았다면, 하나 둘 셋을 다 같이 외친 후 동시에 카드를 공개합니다.

❹ 선 플레이어의 카드 색을 맞힌 다른 플레이어는 중앙에 있는 점수 토큰을 1개씩 가져갑니다. 맞히지 못했다면 점수 토큰을 가져갈 수 없습니다.

❺ - 선 플레이어는 개인 시트에 자신이 선택한 문장과 같은 색 1칸을 표시한 후, 자신이 그 문장을 선택한 이유를 모두에게 공유합니다.
- 다른 플레이어들도 같은 사례에 대해 자신이라면 어떤 문장을 선택했을지 고민해 보고, 선택한 문장과 같은 색 1칸을 자신의 개인 시트에 표시한 후, 자신이 그 문장을 선택한 이유를 모두와 공유합니다.
- 모든 플레이어가 돌아가며 개인 시트에 자신이 선택한 문장의 색을 표시하고, 선택한 이유를 공유합니다.

❻ 다음 플레이어에게 차례를 넘긴 후, 위와 같은 방식으로 계속 진행합니다.

게임 종료

주어진 시간이 지났거나 주어진 시간 동안 모든 사례 카드를 사용했다면 게임은 끝납니다.

① 텔레파시 게임을 하며 가장 인상 깊었던 내용을 되짚어 봅시다.

인상 깊었던 사례 카드의 제목	나의 유형	선택한 이유
1위		
2위		
3위		
4위		

② ①에서 1위부터 4위까지의 나의 유형을 종합해 봅시다.

나는 ☐ ☐ ☐ ☐ 유형입니다.

③ 나와 같은 유형이 나온 친구들을 찾아봅시다.

④ 텔레파시 게임을 하며 느낀 점을 적고 친구들과 그 내용을 공유해 봅시다.

내가 느낀 점

친구_____이/가 느낀 점

친구_____이/가 느낀 점

친구_____이/가 느낀 점

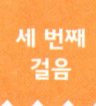

세 번째 걸음: 세계를 위한 우선순위를 정해요 — 선택 게임 2

❖ 다음 안내를 읽고 '더 나은 미래 2030' 게임을 해 봅시다.

운영
개인 플레이(6인 이상)

| 도움 |
책 뒤의 활동지를 사용해 게임해 봅시다.

준비물
- 지속가능발전목표 카드(17종), 개인 시트
- 점수 토큰

승리 조건
- 플레이어들은 다른 플레이어들과 지속가능발전목표 카드를 교환하여 개인 시트에 선택한 각 목표 카드를 3장 이상 모아야 합니다.
- 3장 이상을 모은 지속가능발전목표 하나당 점수 토큰 1개가 주어집니다.
- 게임이 끝난 후, 가장 많은 점수 토큰을 얻은 사람이 최종 승리합니다.

예 주헌이가 개인 시트에 '빈곤 종식', '기아 해결', '건강과 복지', '양질의 교육', '성평등' 5개의 목표를 표시한 후, 교환을 통해 빈곤 종식 카드 3장, 기아 해결 카드 4장, 건강과 복지 카드 2장, 양질의 교육 카드 1장, 성평등 카드 1장, 그리고 다른 카드들을 가지게 되었다면, 최종적으로 빈곤 종식 카드 3장과 기아 해결 카드 4장에 대해 점수 토큰 2개가 주어집니다.

게임 준비
- 개인 시트 1장과 17가지의 지속가능발전목표 카드를 자신의 앞에 놓습니다.
- 각 플레이어는 개인 시트에 자신이 중요하다고 생각하는 지속가능발전목표 5가지를 선택합니다.

게임 진행

① 모든 플레이어가 개인 시트에 자신이 중요하다고 생각하는 지속가능발전목표를 선택했다면 게임을 시작합니다.

② - 주어진 시간 동안 다른 플레이어들과 지속가능발전목표 카드를 교환합니다.
  - 카드를 교환할 상대방을 만나면 반드시 손을 들어 손바닥을 마주친 후, 카드를 앞면이 보이지 않게 뒤집어서 교환합니다.
  - 카드는 1:1로만 교환해야 하며, 한 번에 1장의 카드만 교환할 수 있습니다.
  - 카드 교환 시, 자신이 원하는 카드를 상대방에게 말할 수 있습니다.
  - 카드 교환 시, 상대방이 원하는 카드를 꼭 줄 필요는 없으며 교환 자체를 거절할 수 있습니다.

③ 주어진 시간 안에 자신이 선택한 5가지의 지속가능발전목표 카드를 모두 3장 이상씩 모았다면, "더 나은 미래!"를 외칩니다.

게임 종료

- 주어진 시간이 지나면 게임은 끝납니다.
- 모든 플레이어는 제자리로 돌아가 자기가 가진 지속가능발전목표 카드를 종류별로 나열합니다.
- 자기가 점수 토큰을 얼마나 받을 수 있는지 확인합니다.
- 개인 시트에 있는 마지막 질문에 대한 답을 적어 봅니다.

① 평화로운 세계를 만들기 위해 내가 선택한 5가지의 목표와 그 이유를 적어 봅시다.

목표					
이유					

② 17가지 목표 중 반 친구들이 가장 중요하다고 선택한 것은 무엇인지 확인해 봅시다.

1 빈곤 종식 (　)명 선택	2 기아 해결 (　)명 선택	3 건강과 복지 (　)명 선택	4 양질의 교육 (　)명 선택	5 성평등 (　)명 선택	6 깨끗한 물과 위생 (　)명 선택
7 지속 가능한 청정 에너지 (　)명 선택	8 좋은 일자리와 경제 성장 (　)명 선택	9 산업, 혁신과 사회 기반 시설 (　)명 선택	10 불평등 감소 (　)명 선택	11 지속 가능한 도시와 공동체 (　)명 선택	12 지속 가능한 소비-생산 (　)명 선택
13 기후 변화 대응 (　)명 선택	14 해양 생태계 (　)명 선택	15 육상 생태계 (　)명 선택	16 평화, 정의 강력한 제도 (　)명 선택	17 글로벌 파트너십 (　)명 선택	

③ 모둠 친구들과 이야기 나누며 18번째 지속가능발전목표를 만들어 봅시다. 그중에서 우리 반이 함께 노력할 목표 하나를 선택해 봅시다.

- 우리 모둠의 지속가능발전목표 18번:
- 목표로 정한 이유:

- 우리 반의 지속가능발전목표 18번:
- 목표로 정한 이유:

④ 게임을 하며 느낀 점을 적어 봅시다.

달력에서 만나는 세계 기념일

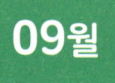
09월

글로벌 목표 주간

글로벌 목표 주간은 여러 분야에서의 130여 개의 파트너 연합이 공동으로 약속하는 행사로, 매년 9월 중 지속가능발전목표의 중요성과 해결책을 공유하기 위해 진행됩니다. 주로 뉴욕에서 열리는 유엔 총회 기간에 맞춰 매년 조금 다른 날짜에 진행됩니다.

우리는 지금까지 17개의 지속가능발전목표에 대해 배웠습니다. 이 단원의 두 번째 걸음에서 알아봤듯, 세계 여러 나라의 다양한 문제 상황은 하나의 목표와만 연결되지 않습니다. 17개 목표가 서로 얽히고 섥켜 있기에 평화로운 세계를 만들기 위해 우리 모두의 노력이 필요하지요. 평화로운 세계를 원하고 이를 위해 노력하는 세계 시민은 특별한 사람이 아닙니다. 우리가 이에 늘 관심을 두고 스스로 할 수 있는 것을 하나씩 실천한다면 우리는 '세계 시민'일 것입니다.

❖ **2030년까지 전 세계 시민이 함께 노력해야 하는 지속가능발전목표를 모르는 친구들에게 이 목표를 소개하는 영상 자료를 만들어 봅시다.**

기억하기

❖ **변화를 위해 행동하는 세계 시민으로서 나는 어떤 모습이어야 할까요? 매일의 일상에서 실천해 나갈 나만의 세계 시민 서약서를 작성해 봅시다.**

세계 시민 서약서

작성자: _____

참고 자료 및 출처

※본문의 지속가능발전목표 만화는 마르흐레이트 데 헤이르의 만화를 원본으로 삼아, 집필자가 번역하고 화가가 다시 그린 것입니다.

● 평화로운 세상을 위한 한 걸음

14쪽 • 나라별로 평화를 표현한 엽서 | 유네스코 아시아태평양 국제이해교육원 제공

17쪽 • 지속가능발전목표 아이콘 | UN 사이트 (https://www.un.org)

20쪽 • '세계 시민은 누구일까?' 게임 | 유네스코 아시아태평양 국제이해교육원 제공

● 모두 잘 사는 세상을 위하여

29쪽 • 세계 빈곤 지도 | 세계 빈곤 시계 사이트 (www.worldpoverty.io/map) 캡처

● 배고픔과 배부름 사이에서

38쪽 • 아동 영양실조의 수준 및 동향 | 세계보건기구 사이트 (www.who.int)

39쪽 • 학교 급식 프로그램에 참여하는 어린이 사진 | 유엔세계식량계획 사이트 (www.wfp.org)

40쪽 • 세계 기아 지도 | 유엔세계식량계획 한국사무소 공보팀 제공

41쪽 • 세계자연기금 보고서 『쓰레기로 낭비되다』 | 유엔세계식량계획 사이트 (www.wfp.org)

42쪽 • 2019년도 학생 건강 검사 표본 통계 | 교육부 사이트 (www.moe.go.kr)

● 모두 건강하고 행복하게!

49쪽 • 백인과 다른 인종·민족을 비교한 감염, 입원 및 사망 위험 비율 | 카이저패밀리재단 사이트 (www.kff.org)

● 나도 학교에 가고 싶어요

59쪽 • 대한민국 헌법 제31조 | 대한민국 법원 종합법률정보 사이트 (glaw.scourt.go.kr)

59쪽 • 유엔 아동의 권리에 관한 협약 제29조 | 법제처 국가법령정보센터 사이트 (www.law.go.kr)

60쪽 • 유니세프·국제노동기구 아동 노동 보고서 『CHILD LABOUR』 | 국제노동기구 사이트 (www.ilo.org)

62쪽 • 유니세프 '코로나19 대유행 교실' 글 | 유니세프 사이트 (www.unicef.or.kr) 보도 자료 「코로나19 전 세계 대유행 선언 1년 어린이 위한 인류의 노력 다시 뒷걸음질」 참고

64쪽 • 'Red card to child labour' 캠페인 이미지 | 국제노동기구 사이트 (www.ilo.org)

● 나답게, 너답게, 우리답게

70쪽 • 빌리 엘리어트 | 스티븐 달드리 감독, 2001년 개봉

70쪽 • 메리다와 마법의 숲 | 브렌다 채프먼·마크 앤드류스 감독, 2012년 개봉

72쪽 • 집안일 배분 활동 | 젠더온 사이트 (genderon.kigepe.or.kr)

● 에너지를 얻는 슬기로운 방법

84쪽 • 모저 램프 글 | BBC 사이트 (www.bbc.com) 「Alfredo Moser: Bottle light inventor proud to be poor」 참고

● 좋은 일자리란 무엇일까요?

91쪽 • '식탁에 올라온 생선을 누가 잡았을까' 만화 | 어필 사이트 (apil.or.kr) 「누가 내 생선을 잡았을까?」 참고

91쪽 • '식탁에 올라온 생선을 누가 잡았을까' 만화 | 오마이뉴스 「18시간의 노동, 시급 1300원」… 끔찍한 노동의 정체」(김종철) 참고

93쪽 • 세계 인권 선언 제23조 | 유네스코 한국위원회 사이트 (www.unesco.or.kr) 『국제인권조약집』(정인섭 번역)

98쪽 • '노동' 주제 조각상 디자인 활동 | 서울특별시교육청 학생인권교육센터 사이트 (studentrights.sen.go.kr) 『노동인권 지도자료』(2020) 참고

- 사라져라, 불평등 바이러스

112쪽 • 옥스팜 2021 불평등 보고서 『불평등 바이러스』 | 옥스팜 사이트(www.oxfam.or.kr)

- 나와 우리, 지구가 행복한 도시

124쪽 • 보봉 마을 글 | 연합뉴스 「독일 '친환경 에너지 마을' 보봉 마을을 가다」 참고

- 나의 물 발자국을 찾아서

137쪽 • 물 발자국 계산 | 물 발자국 사이트(waterfootprint.org)

138쪽 • 세계 물 부족 글 | 한겨레 「'독장미'에 케냐 여성 노동자의 눈물이 깃들다」 참고

138쪽 • 세계 물 부족 글 | GP3 Korea 블로그(blog.naver.com/gp3project) 「관광객들의 물 소비 때문에 지역 사회는 물이 부족합니다」(배수연 번역) 참고

141쪽 • 연간 1인당 물 발자국 지표 | 워터 풋프린트 네트워크 사이트(www.waterfootprint.org)

142쪽 • 세계 물의 날 영상 | 한국수자원공사 유튜브 채널

- 책임감 있는 생산과 소비

150쪽 • 공정 무역의 정의와 원칙 | 국제공정무역기구 사이트(fairtradekorea.org)

154쪽 • 국제공정무역기구 마크 | 국제공정무역기구 사이트(fairtradekorea.org)

154쪽 • 세계공정무역기구 마크 | 서울시NPO지원센터 사이트(www.snpo.kr)

- 도대체 날씨가 왜 이러지?

160쪽 • 차드호 사진 | By NASA - NASA Earth Observatory (file), 퍼블릭 도메인, https://commons.wikimedia.org/w/index.php?curid=196320

- 지금 바다에서 일어나는 일

168~170쪽 • 『검정 토끼』 | 오세나 지음, 『검정 토끼』(달그림, 2020)

174쪽 • 그린피스 2019년 보고서 『플라스틱 대한민국』 | 그린피스 사이트(www.greenpeace.org)

- 지금 땅 위에서 일어나는 일

182쪽 • 제인 구달의 말 | 동아일보 「제인 구달 "실생활서 환경 보호 실천해야 재앙 막는다"」(민병선, 2010) 참고

182쪽 • 최재천의 말 | 최재천 지음, 『생각의 탐험』(움직이는서재, 2016)

- 우리 모두는 세계 시민입니다

192쪽 • 세계식량계획 마크 | 유엔세계식량계획 사이트(www.wfp.org)

192쪽 • 핵무기 폐기 국제운동 마크 | 핵무기 폐기 국제 운동 사이트(www.icanw.org)

192쪽 • 아비 아머드 알리 사진 | https://commons.wikimedia.org/wiki/File:Abiy_Ahmed_with_LI_Yong_2018_(cropped).jpeg

192쪽 • 나디아 무라드 사진 | https://commons.wikimedia.org/wiki/File:Nadia_Murad_in_Washington_-_2018_(42733243785)_(cropped).jpg

196쪽 • '텔레파시' 게임 | 유네스코 아시아태평양 국제이해교육원 제공

200쪽 • '더 나은 미래 2030' 게임 | 유네스코 아시아태평양 국제이해교육원 제공

교실에서 세계시민 되기
SDGs 테마 수업 워크북 초등 편

초판 1쇄 발행 2022년 3월 30일
초판 4쇄 발행 2025년 1월 10일

지은이 • 강혜미 박민수 백수진 양철진 이예지 이지홍 정현미 홍연진
펴낸이 • 황혜숙
기획 • 유네스코 아시아태평양 국제이해교육원
편집 • 김현정 최윤영
조판 • 이주니
펴낸곳 • (주)창비교육
등록 • 2014년 6월 20일 제2014-000183호
제조국 • 대한민국
주소 • 04004 서울특별시 마포구 월드컵로12길 7
전화 • 1833-7247
팩스 • 영업 070-4838-4938 | 편집 02-6949-0953
홈페이지 • www.changbiedu.com
전자우편 • contents@changbi.com

ⓒ 유네스코 아시아태평양 국제이해교육원 2022
ISBN   979-11-6570-124-6 73300

* 이 책 내용의 전부 또는 일부를 재사용하려면
  반드시 저작권자와 (주)창비교육 양측의 동의를 받아야 합니다.
* 책값은 뒤표지에 표시되어 있습니다.
* KC마크는 이 제품이 공통안전기준에 적합하였음을 의미합니다.

20쪽 세계 시민은 누구일까?: 게임 카드

세계는	무시하고	행동하는 사람
평화로운 세상을 위해	실천하는 사람	타인과 공감하는 사람
느끼는 사람	존중하고	우리 모두를
나중에	인류 공동체로	별 관심이 없고
글로벌 이슈에	연결되어 있다고	나부터
관심을 갖고	다양성을	생각하는 사람

50쪽 백신을 구하라!: 나라 카드, 역할 카드, 백신, 돈

나라 카드

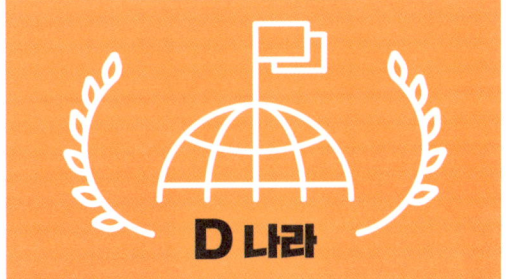

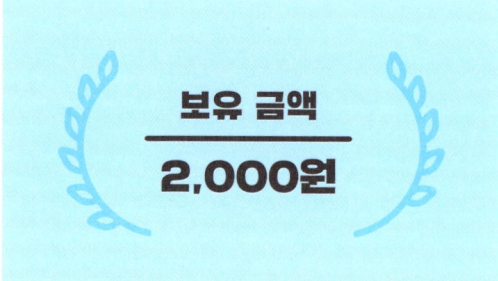

활동지

역할 카드

백신

활동지

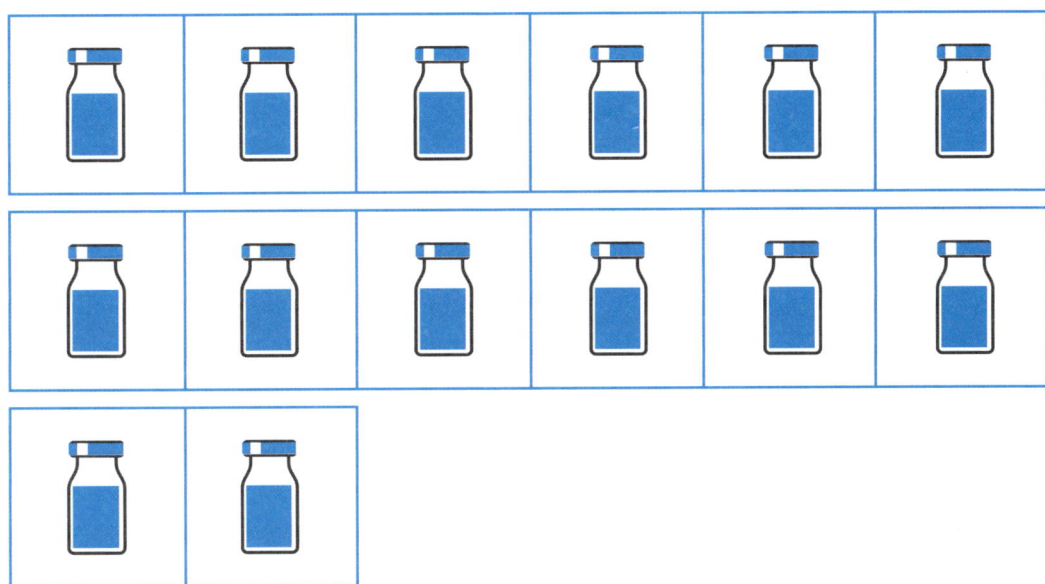

돈

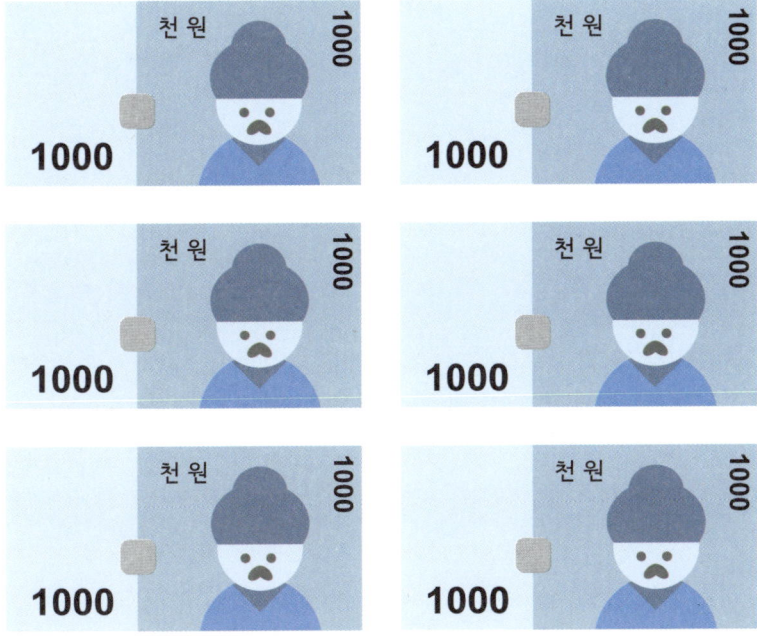

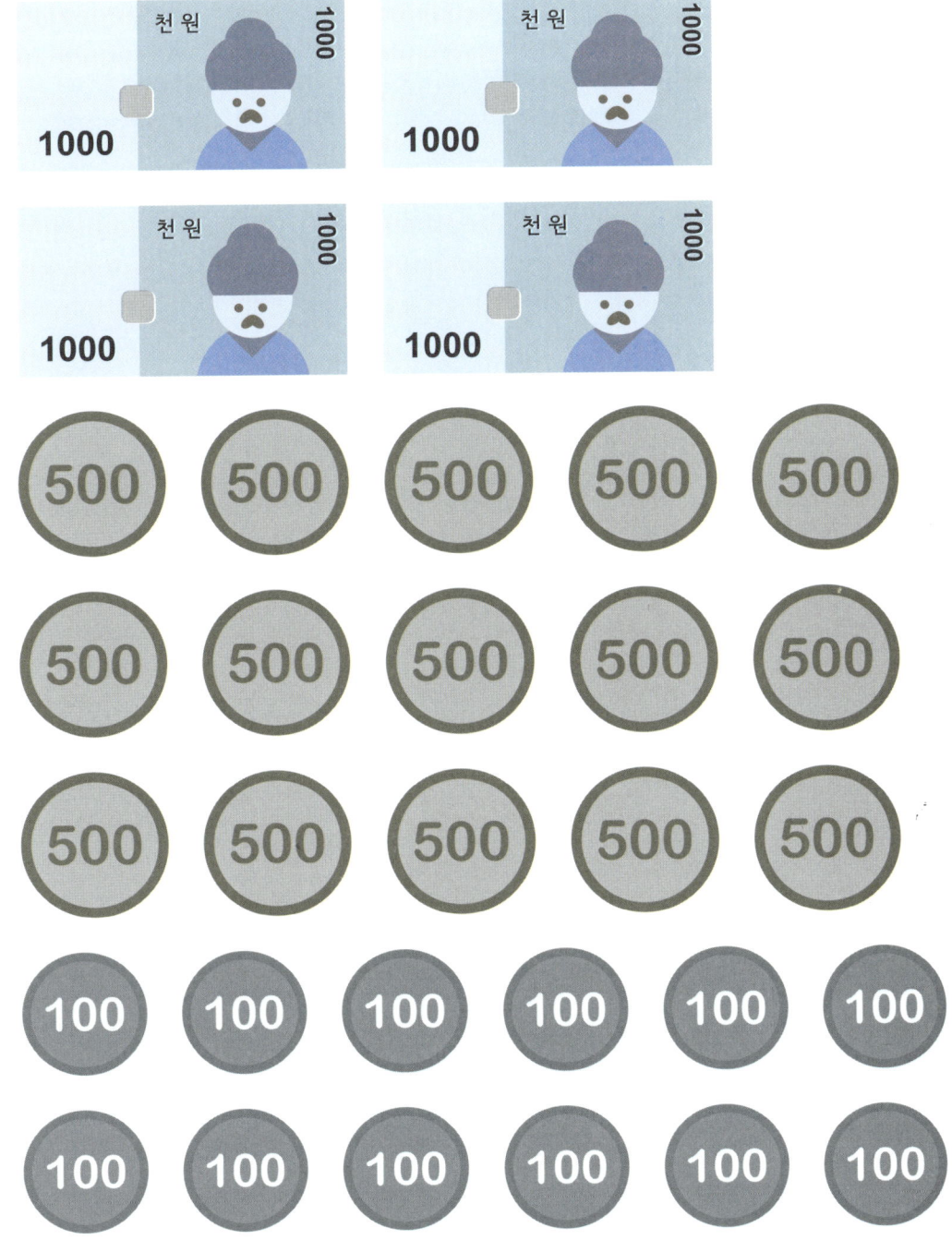

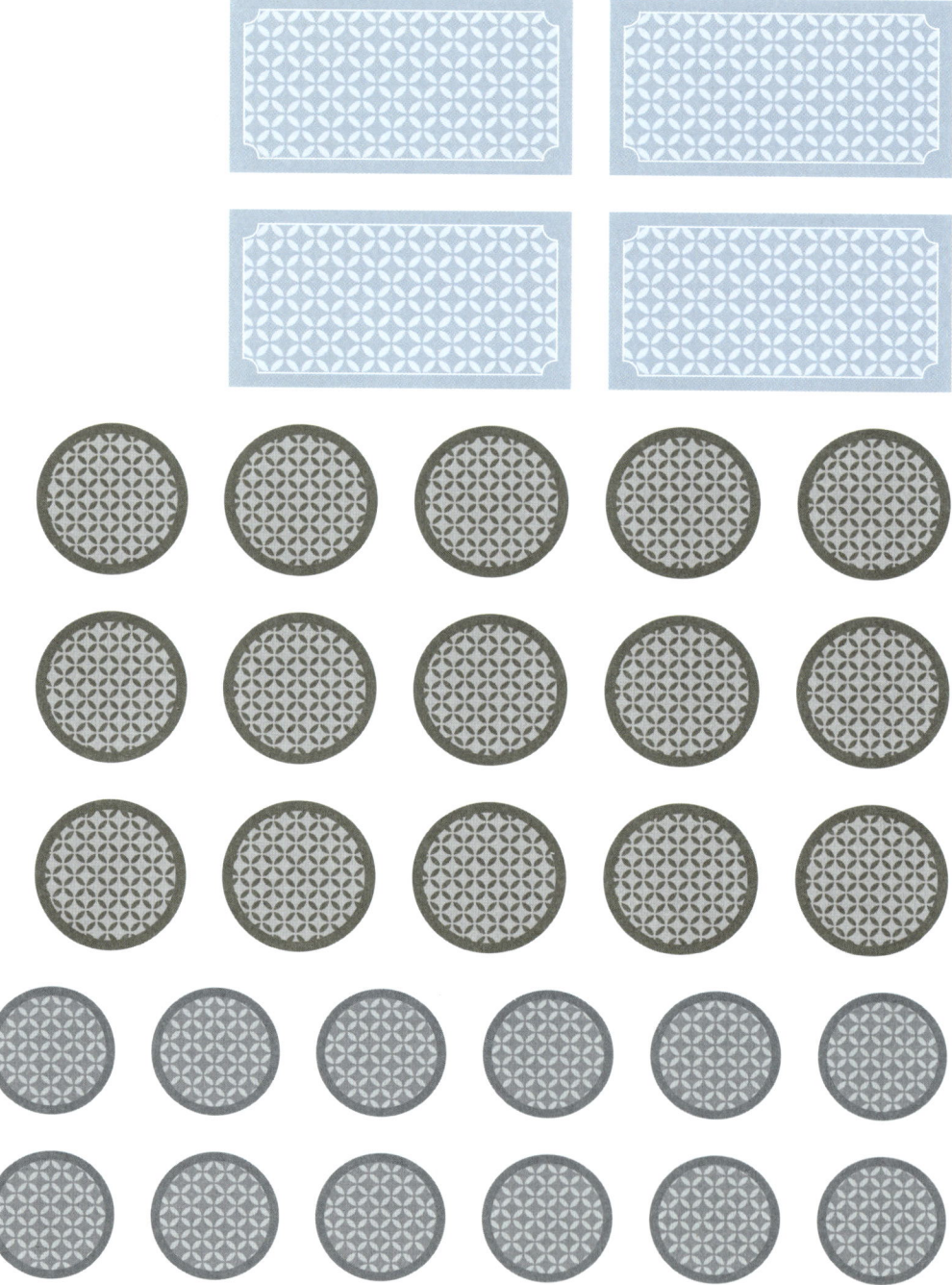

96쪽 각자에게 맞는 일을 찾아요: 카드

★ 모과 은행 ★
- 경력직 우대
- 외국어 자격증 우대
- 사람을 상대하는 일이기에 사회성 좋은 사람을 원함.

★ 노지 회사 ★
- 고등학교 졸업
- 자격증 필요 없음.
- 성실한 사람
- 능력보다는 매사에 열심히 할 사람이 필요함.

★ 솔사랑 어린이집 ★
- 유아 교육과 졸업 필수
- 경력직 우대
- 외국어 자격증 우대
- 아이들을 좋아하는 성향이면 좋겠음.

★ 한빛 IT ★
- 공과 대학 졸업 필수
- 컴퓨터 자격증 우대
- 주말 근무 가능한 자
- 복지는 좋지만 업무량이 다소 많음.

★ Bantic 기업 ★
- 고등학교 졸업
- 외국어 자격증 필수
- 친화력이 좋은 사람
- 외국어 종류는 상관없으나 프리 토킹 가능해야 함.

★ 채록 광고회사 ★
- 디자인 관련 학과 졸업 필수
- 포트폴리오 제출
- 창의성이 좋은 사람
- 컴퓨터 디자인에 우수한 사람 원함.

★ 김은수 ★
- 대학교 국어 국문학과 졸업
- 중국어 자격증 취득
- 항상 웃는 얼굴임.
- 사과 은행 1년 인턴, 로얄 은행 2년 근무

★ 박끈기 ★
- 고등학교 졸업
- 버스 면허 취득
- 끈기를 가지고 열심히!
- 특기나 자격증은 없지만 열정은 많음.

★ 홍찰스 ★
- 뉴질랜드 대학 졸업
- 영어/프랑스어 자격증 취득
- 사회성이 좋음.
- 학창 시절을 외국에서 지냈기에 외국어 능통

★ 이여름 ★
- 대학교 시각 디자인과 졸업
- 가구 디자인 포트폴리오 있음.
- 컴퓨터 자격증 취득
- 다양한 디자인을 시도해 보고 싶음.

★ 기열심 ★
- 대학교 유아 교육과 졸업
- 영어 자격증 취득
- 아이들을 좋아함.
- 시립 어린이집 2년 근무, 시립 유치원 보조 교사 근무

★ 최준 ★
- 대학교 기계 공학과 졸업
- 컴퓨터 자격증 취득
- 복지가 좋기를 바람.
- 여유 시간이 많으면서 돈을 많이 벌 수 있으면 좋겠음.

119쪽 불평등 바이러스 예방 피라미드: 전개도

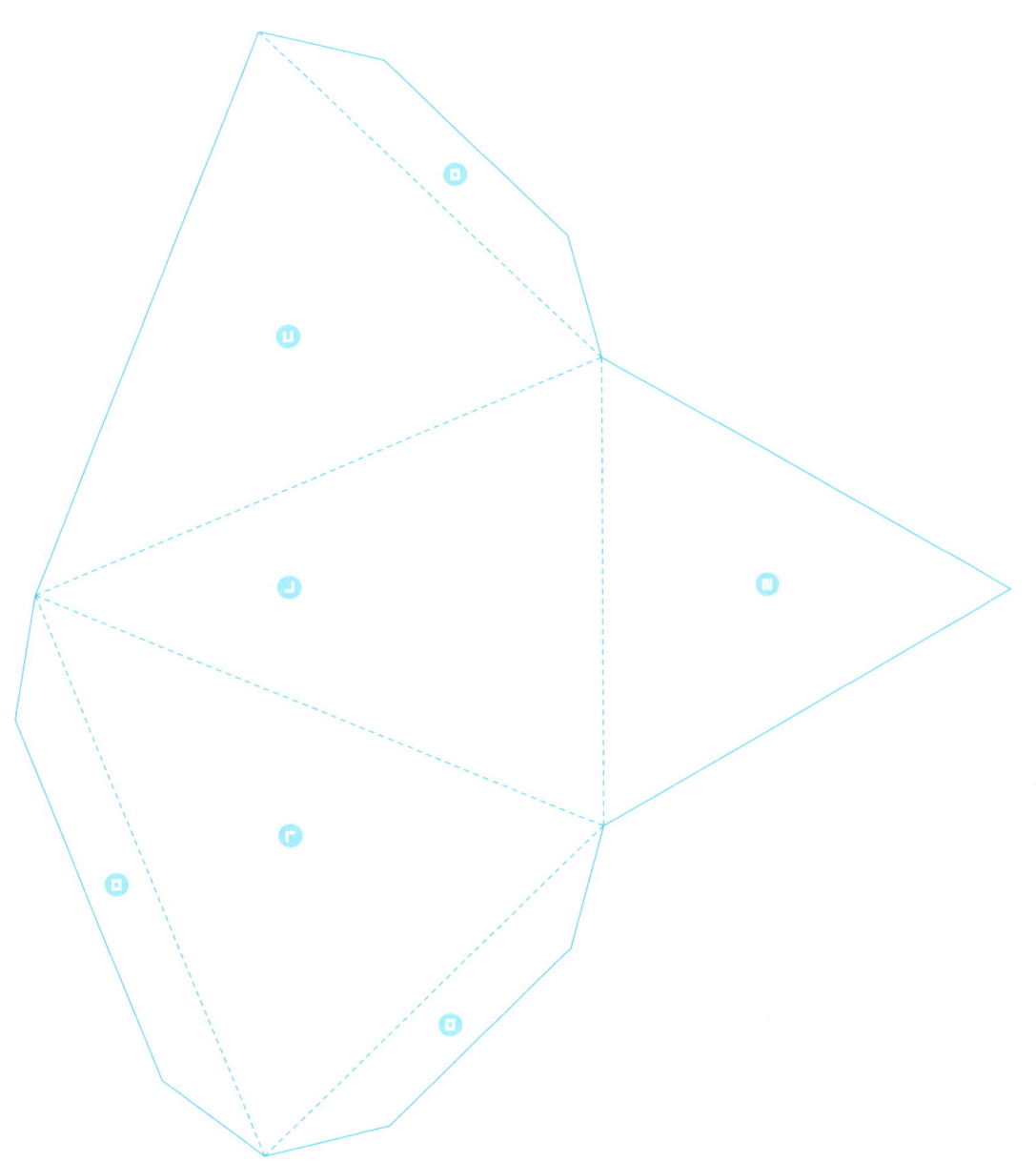

128쪽 지속 가능한 도시를 만들어요: 카드 1, 2, 3

카드 1

◆ 내가 그리고 싶은 도시의 이름
◆ 우리 도시에서 만들고 싶은 부분

카드 2 - 시설 카드

 차 없는 도로	 자전거 주차장	 태양광 발전	 공동 정원
 차 없는 도로	 자전거 주차장	 태양광 발전	 공동 정원
 차 없는 도로	 자전거 주차장	 태양광 발전	 공동 정원
 차 없는 도로	 자전거 주차장	 태양광 발전	 공동 정원
 차 없는 도로	 자전거 주차장	 태양광 발전	 공동 정원

활동지

 공동 텃밭	 마을 공동 주차장	 전력 생산 주택	 전기차 충전소
 공동 텃밭	 마을 공동 주차장	 전력 생산 주택	 전기차 충전소
 공동 텃밭	 마을 공동 주차장	 전력 생산 주택	 전기차 충전소
 공동 텃밭	 마을 공동 주차장	 전력 생산 주택	 전기차 충전소
 공동 텃밭	 마을 공동 주차장	 전력 생산 주택	 전기차 충전소

카드 3 - 선택 카드

태양광 발전
sustainable cities and communities
SDGs 11

공동 정원
sustainable cities and communities
SDGs 11

마을 공동 주차장
sustainable cities and communities
SDGs 11

공동 텃밭
sustainable cities and communities
SDGs 11

자전거 주차장
sustainable cities and communities
SDGs 11

차 없는 도로
sustainable cities and communities
SDGs 11

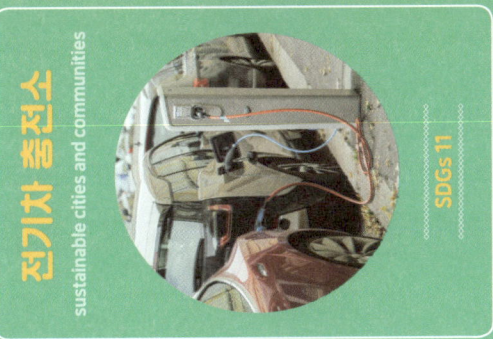
전기차 충전소
sustainable cities and communities
SDGs 11

전력 생산 주택
sustainable cities and communities
SDGs 11

활동지

196쪽 텔레파시 게임: 사례 카드, 색깔 카드, 개인 시트, 점수 토큰

| 사례 카드 |

SDG 1. 빈곤 종식
지구촌 빈곤 문제 외전히 심각, 도움의 손길을 부족

하루에 1달러를 받지 못하는 인구의 비율이 역사상 최저치를 기록하며, 지구촌 빈곤 문제가 나아지고 있는 듯 보인다. 하지만 여전히 지구촌에는 빈곤으로 어려움을 겪는 사람들이 많이 있으며, 일부 국민의 생계를 유지하기 위해 극단적 선택을 하는 인구까지도 상황이다. 이러한 빈곤 문제에 대해 세계 시민으로서 당신은 어떠한 생각을 하는가?

듣고자 하는 마음으로는 한계가 있어. 유엔아동기금이 발표한 '어린이와 청소년 빈곤', 자료를 찾아보고, 빈곤의 근본적인 원인이 무엇인지 고민해 봐야겠어.

◯ SNS나 TV에서 빈곤으로 우리의 도움을 구하는 영상들을 쉽게 찾을 수 있어. 그 영상들을 친구들과 공유해서 친구들이 빈곤 문제에 대해 조금이라도 더 공감할 수 있으면 좋겠어.

E 빈곤을 없애기 위해서는 더 많은 도움이 필요할 거야. 우리나라에 현재 겪었던 빈곤 문제에 친구들과 한번 이야기해 보고 싶어.

D 매년 10월 17일 '세계 빈곤 퇴치의 날'에 많은 사람들이 참여하고 있지만, 여전히 더 실질적 지원이 부족한 게 아쉬워. 나는 'End Poverty' 활동에 관심이 많아서 참여해 보고 싶어.

SDG 3. 건강과 복지
모든 사람의 건강을 위해

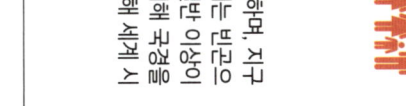

C 국가는 모든 국민을 위한 양질의 의료 보건 서비스를 제공하기 위해 정부 정책을 우선시하여, 현재 전 세계가 부러워할 만한 의료 보건 체계를 갖추고 있다. 부유한 사람들과 가난한 사람 구분 없이 양질의 의료 보건 서비스를 제공하기 위해 노력하는 C 국가의 모습에 대해 세계 시민으로서 당신은 어떠한 생각을 하는가?

◯ C 국가는 자국에 의료의 건 수준이 가장 높아졌지만, 양질의 의료 보건 체계를 갖추기 위해 노력하여, 현재 전 세계에서 영유아 사망률이 가장 낮다고 해. C 국가가 어떻게 이러한 의료 보건 체계를 갖추게 되었는지 알아보고 싶어.

나는 "인간의 생명은 지구상에서 가장 귀중한 재산보다도 100만 배 더 가치가 있다. '라는 말에 공감해. 이 말은 인간의 가치를 무엇보다 우선에 두고 있다는 점에서 우리에게 시사하는 바가 커.

사람은 누구나 건강할 권리가 있다고 생각해. 혹시나 우리 주변에 양질의 의료 보건 서비스에서 소외된 사람이 없는지 친구들과 이야기해 보고 싶어.

C 국가는 심지어 전 세계에 의료 봉사단을 많이 파견하는 나라라고 해. 세상에는 지금도 도움이 필요한 사람들이 많을 거야, 내가 참여할 수 있는 프로그램에 어떤 것이 있는지 알아보고 싶어.

SDG 4. 양질의 교육

여성 교육을 위해 싸운 소녀 '말랄라'

말랄라가 살던 마을은 한때 극단주의 세력에게 점령되어, 말랄라를 비롯한 모든 소녀가 학교에서 쫓겨 나와야만 했다. 그럼에도 말랄라는 학교에 다니며, 여성 교육의 중요성을 알리는 글을 인터넷에 올렸다. 2012년 어느 날, 말랄라는 학교에 가던 중 총에 맞아 큰 부상을 당했지만 기적적으로 살아났고, 이로 인해 전 세계에서 말랄라의 여성 교육 운동에 대한 지지가 일어났다. 말랄라는 2014년 역대 최연소이자 청소년 최초로 노벨 평화상을 수상했고, "좋은 옷을 못 입은 소녀보다 교육을 받은 소녀로 기억되고 싶다."라고 말하며 여성 교육 확대를 위해 노력하고 있다. 말랄라의 모습을 보면서 세계 시민으로서 당신은 어떠한 생각을 하는가?

여성 교육 확대를 위해 붙여온 맞서 싸운 말랄라가 그린 '나는 말랄라'라는 책을 읽어 보고 싶어. 지금까지 말랄라의 인생 여정이 어땠을지 정말 궁금해!

말랄라를 보니 더 나은 세상을 만들기 위해 왜 교육이 중요한지 알 수 있을 것 같아. 친구들과 모여 이야기 나누며 교육의 중요성에 대해 함께 공감하고 싶어.

말랄라처럼 어려운 상황 속에서도 문제 해결을 위해 노력하는 사람이 많을수록 더 나은 미래를 만들 수 있을 거야. 말랄라의 이야기를 SNS에 한번 올려 봐야겠어.

아직도 여성이라는 이유만으로 학교에 다닐 수 없는 사람이 많다고 해. '말랄라 재단'은 전 세계 여성 교육 권리를 지원하기 위한 활동을 한다고 하네. 재단의 활동이 무엇인지, 내가 참여할 수 있는 것도 있는지 알아봐야겠어!

SDG 2. 기아 해결

내전으로 인한 기아 문제 악화, 고통받는 어린이들…

B 국가는 20년 이상 지속된 내전으로 그동안 40만 명이 목숨을 잃었고, 부모를 잃은 27만여 명의 어린이는 심각한 기아 문제로 영양실조에 걸려 결국 죽음에 이르기까지 한다. 하지만 B 국가는 여전히 내전 중이며, 도움을 주고자 하는 국제단체의 식량 원조까지 거절하고 있다. 이렇게 어린이들을 죽음에 이르게 하는 전쟁과 기아 문제에 대해 세계 시민으로서 당신은 어떠한 생각을 하는가?

기아로 인한 B 국가 어린이들의 죽음은 끝나지 않는 전쟁 탓이라고 볼 수 있어. 전쟁의 원인이 무엇인지, 조속한 해결 방안은 없는지 알아보고 싶어.

매년 '세계 식량의 날'에 진행되는 캠페인은 기아에 시달리는 사람들에게 관심을 보일 수 있는 좋은 기회인 것 같아. 많은 사람들이 기아 문제의 심각성에 더 공감할 수 있도록 이 캠페인에 참여해 보고 싶어.

국제 구호 단체가 캠페인 등을 통해 시민들에게 기아 문제에 대해 경각심을 일깨워 준다고 해. 기아 문제 내용을 알아보고 친구들과 이야기해 보고 싶어.

기아 퇴치 운동인 'STOP HUNGER' 캠페인은 기아 종식 메시지가 적힌 티셔츠를 입고 촬영한 사진을 SNS에 올리기만 하면 도움이 필요한 아이들 25명에게 식량이 제공된다고 해. 나도 한번 참여해 볼까 해.

SDG 5. 성평등

여성에 대한 보이지 않는 벽, '유리 천장'

'유리 천장'이란 충분한 능력을 갖춘 구성원, 특히 여성이 직장 혹은 단체에서 일정 서열 이상으로 오르지 못하게 하는 '보이지 않는 장벽'을 은유적으로 표현한 말이다. 한국은 OECD 국가 중 여성 임금이 남성에 비해 36.7%가 적어 2013년 이래 5년 내내 '유리천장지수' 최하위를 기록하고 있다. 유엔개발계획은 '성 불평등 지수'를 산출하며 한국의 '여성의 보건, 교육, 정치적 견해 표현, 노동 시장 등에서 불평등을 경험하고 능력을 개발하거나 선택의 자유에 제한받는 일이 너무나 잦다.'라고 결론, 이러한 성 불평등 현상에 대해 세계 시민으로서 당신은 어떠한 생각을 하는가?

 대체 왜 여성에 대한 '유리 천장' 현상이 발생하는지, 여성 성 불평등 현상에 대한 구조적 원인을 알아보고 싶어.

 최근 성차별 관련해서 많은 뉴스를 볼 수 있어. 아직도 많이 남아 있는 여성 차별 현상이 정말 안타까워.

 친구들과 함께 우리 주변에 존재하는 유리 천장 사례를 찾아보고, 여성이 함께 행복한 세상에 대해 이야기해 보아야겠어.

 3월 8일은 유엔이 정한 '세계 여성의 날'로, 여성의 사회·경제적 지위 및 인권 향상을 위한 다양한 행사 등이 진행된다고 하니, 나도 한번 참여해 보아야겠어!

SDG 7. 지속 가능한 청정 에너지

지속 가능하게 사용할 수 있는 깨끗한 에너지

F 국가는 지속 가능한 에너지 사용을 위해, 관련 부처를 통해 다양한 정책을 시행하고 있다. F 국가는 충부한 자연환경 활용 및 과학 기술 등을 통해 지속 가능한 에너지에 의한 전력 공급률을 50%까지 끌어올리는 것을 목표로 한다. 지속 가능한 에너지 청출 및 사용에 대해 세계 시민으로서 당신은 어떠한 생각을 하는가?

 먼저 지속 가능한 에너지 발전 및 사용이 무엇인지 알아봐야겠어. 그리고 지속 가능한 에너지 발전에 있어 현재 걸림돌이 되는 게 무엇인지 알아보고 싶어.

 우리는 일상생활 속에서 너무나 편리하게 에너지를 사용하고 있기에, 미래를 위한 지속 가능한 에너지 사용의 중요성을 알고 공감하고 싶어.

 전기와 같은 에너지를 편리하게 쓸 수 있다면 얼마나 불편할까, 친구들은 지속 가능한 에너지 사용에 대해 어떻게 생각하는지 이야기해 보아야겠어.

 심지어 내 또래도 난입 친구들은 전기를 쓸 수 없다고 해니, 우리에겐 당연한 에너지를 제대로 쓸 수 없는 사람들을 위한 '새로운 캠페인'에 대해 알아보아야겠어.

SDG 6. 깨끗한 물과 위생

깨끗한 물과 위생, 모두의 권리

E 국가는 열악한 위생 상태와 부족한 정화 시설 때문에 가뭄이 오면 더러운 물을 사용하고 홍수가 나면 병균이 퍼진다. 많은 사람들, 특히 어려운 가정 형편의 어린이들이 콜레라, 장티푸스 등이 감염성 질병에 쉽게 노출되어 있다. 여전히 세계 곳곳에 만연한 심각한 위생 문제에 대해 세계 시민으로서 당신은 어떠한 생각을 하는가?

 아직도 전 세계 인구 3분의 10l 깨끗한 물을 사용하지 못한다고 해. 그 원인을 알아보기 위해, 유엔보건기구의 자료를 찾아보고 싶어.

 깨끗한 물을 사용하지 못하는 사람이 많다니 너무 안타까워. 모든 사람들을 위한 좋은 위생 환경의 중요성에 대해 더 많은 사람이 공감하면 좋겠어.

 깨끗한 물과 위생 시설이 일부만의 권리가 되어선 안 돼. 모두의 깨끗한 물 사용 권리에 대한 #NOFILTER 해시태그 캠페인이 있다는데 어렵지 않으니 한번 참여하고 싶어!

 깨끗한 물의 중요성을 알리기 위한 '세계 물의 날' 캠페인 행사가 있다고 해. '세계 물의 날' 행사에 한번 참여해 보고 싶어.

SDG 8. 좋은 일자리와 경제 성장

모두를 위한 양질의 일자리 마련

G 국가는 장애인들에게 양질의 일자리를 제공하기 위해 사회적 기업 S를 통해 장애인 우선 채용 정책 등을 실시하고 있다. 이와 같이 장애인 등 사회적 취약 계층을 위한 일자리 마련과 청년 실업 문제 등 모두를 위한 양질의 일자리 문제에 대해 세계 시민으로서 당신은 어떠한 생각을 하는가?

 장애인 고용에 힘쓰는 G 국가의 사회적 기업 S의 사례가 궁금해. 어떤 국가적 지원과 사회적 합의를 통해 이러한 사례를 만들어 냈는지 알아보고 싶어!

 아직 우리 주변의 많은 장애인들이 기본적인 권리 보장을 받는 것에 어려움을 겪고 있어. G 국가는 정부가 앞장서서 장애인 일자리 문제 등 모두를 위한 일자리 재슘을 위해 노력하고 있다는 점에 본받을 만한 것 같아.

 친구들이 일자리 문제의 중요성을 얼마나 잘 알고 있는지 궁금해. 친구들과 함께 양질의 일자리 문제에 대해 이야기해 보아겠어.

 장애인 노동권을 보장하는 것은 장애인만을 위한 것이 아니라, 결국 우리 모두를 위한 일인 것 같아. 장애인 권리 보호를 위해 내가 할 수 있는 게 무엇이 있을지 궁금해.

SDG 9. 산업, 혁신과 사회 기반 시설

매년 반복되는 폭우, 홍수, 정전…

H 국가는 해마다 발생하는 강한 태풍으로 막대한 피해를 겪고 있다. 피해의 주요 원인은 정부의 배수로 등 사회 기반 시설의 정비 및 확충에 관심을 가지고 있지 않기 때문이다. 따라서 H 국가의 국민들은 사회 기반 시설 확충을 요구하며 정부의 각성을 요구하는 시위를 벌이고 있다. 부족한 사회 기반 시설로 인한 피해가 여전히 세계 곳곳에서 일어나는 상황을 보고 세계 시민으로서 당신은 어떠한 생각을 하는가?

 잘 정비된 사회 기반 시설이 있고 없음에 따라 자연재해로 인한 피해 규모에 얼마나 큰 차이가 나는지 먼저 알아봐야겠어.

 자연재해로 인한 피해도 우리가 노력하는 것에 따라 달라질 수 있었다는 점이 가장 안타까워. 더는 이런 피해가 없도록 사람들의 관심이 필요해.

 우리 주변에도 이런 피해가 보이지 않게 많이 있었을 거야. 주변의 사례를 모아 우리에게 더 필요한 사회 기반 시설이 무엇이 있는지 한번 이야기해 봐야겠어.

 사회 기반 시설 확충하는 건 우리의 안전하고 쾌적한 생활을 위해 꼭 필요한 거라 생각해. 시민이 나서서 참여할 수 있는 방법도 있는데 나도 한번 알아봐야겠어.

SDG 11. 지속 가능한 도시와 공동체

더불어 사는 도시와 공동체

최근 새로운 도시 개발을 위해 전문가와 투자가들이 Z 국가에 모였다. 전문가들은 "지속 가능한 도시란 자연을 보존하고 환경을 보호하면서 조화로운 공동체의 삶을 강조하는 것"이라고 말했다. 지속 가능한 발전을 고려하지 않은 도시 개발이 만연히 여전한 지금, 지속 가능한 공동체에 대해 세계 시민으로서 당신은 어떠한 생각을 하는가?

 경제 성장에 따른 발전 뒤에, 빈민촌 생성 및 자연 문화유산 파괴 등 숨겨진 이면이 많은, 포용적이고 도시 공동체 발전을 위해 어떤 노력들이 있는지 먼저 관련 연구를 찾아보자.

 우리가 함께 더불어 사는 세상이니만큼, 개발만 앞서 자연피해를 보는 취약 계층이나 환경이 없도록 친구들은 어떤 생각을 하는지 한번 이야기해 봐야겠어.

 지속 가능한 도시와 공동체라, 말만 들어도 너무 멋진걸? 좋은 아이디어가 떠올랐는데 개발만 반드시 어떤 생각을 하는지 한번 이야기해 봐야겠어.

 지속 가능한 도시와 공동체 발전을 위해선 무엇보다 시민들의 참여가 중요하다고 해.
나도 한 사람의 시민으로서 함께하고 싶어.

SDG 10. 불평등 감소

심화되는 양극화

I 국가의 경제는 계속해서 호황을 누리고 있지만, 부유한 사람과 가난한 사람 간의 소득 양극화 현상이 더욱 심해져 지속 가능한 성장 및 사회 결속에 걸림돌이 되고 있다. 국제 사회에서뿐 아니라 한 국가 내에서의 이와 같은 불평등 심화에 대해 세계 시민으로서 당신은 어떠한 생각을 하는가?

 유엔 해비타트는 도시의 발달이 더욱 가속화되지만 인구의 3분의 1에 해당하는 사람은 도시 빈민으로 전락할 것이라고 예상했어. 불평등을 완화하고 모두가 함께 잘 살 수 있는 방법을 찾기 위해 노력해야 해.

 불평등이 심해질수록 사람들은 상대적 박탈감을 느끼고 사회는 불안정해져. 함께 잘 살 수 있는 방법을 찾기 위해 더욱 노력해야 하지 않을까?

 우리가 불평등 문제에 대해 많이 모르고 있었다는 생각이 들어. 불평등 심화가 우리에게 얼마나 큰 영향을 미치는지 친구들과 이야기해 보고 싶어.

 불평등 문제를 생각하면 나도 고민이 많아져. 이미 이와 관련한 다양한 노력과 운동이 있다던데 어떤 것이 있는지 알아봐야겠어.

SDG 12. 지속 가능한 소비-생산

지구를 위한 플라스틱 재활용

J 국가는 플라스틱 재활용을 제도화하여 환경 보호에 힘쓰고 있다. J 국가에서는 슈퍼, 주유소, 학교 등 어디에서든지 플라스틱을 돈으로 바꿀 수 있으며, 플라스틱 제조사에게 재활용 비율이 95% 이상이면 세금을 면제시켜 주는 제도를 시행한 결과, 97%의 플라스틱 재활용률을 기록할 수 있었다. 이처럼 지구 환경 보호에 이바지하는 책임 있는 생산과 소비에 대해 세계 시민으로서 당신은 어떠한 생각을 하는가?

 유엔환경총회에서 발표한 보고서에 따르면 플라스틱 재활용 빈도는 매우 낮고, 플라스틱 쓰레기로 피해가 연간 130억 달러에 달한다고 해. 정확히 문제를 인지하여야만 올바른 해결책을 찾을 수 있을 거야.

 편의점이나 마트에서 비닐봉지를 구매할 때마다 환경 부담금을 내고 있지만, 사람들이 책임 없는 소비의 심각성에 대해 충분히 공감하고 있는지 걱정돼.

 각 나라마다 다른 상황과 정책들이 있지만 지구를 생각하는 생산과 소비는 함께 이뤄 내야 한다고 생각해. 6월 5일 '세계 환경의 날'의 의미에 대해 친구들과 함께 이야기해 보아야겠어.

 유엔환경계획에 따르면 플라스틱 쓰레기 문제는 어느 한곳만의 문제가 아니라고 해. 나부터 일상생활 속에서 비닐봉지 사용을 멈추고, 텀블러를 사용해야겠어.

활동지

SDG 13. 기후 변화 대응

기후 변화와 북극의 눈물

세계기상기구는 기후 변화로 인한 북극의 피해에 대해 "북극에 유례 없는 변화가 오고 있어 북극 생태계가 위기를 맞고 있다. 북극 변화는 전 세계 기후 시스템에 치명적이며, 해수면 상승도 피할 수 없다."라고 진단했다. 지구 온난화로 인한 기후 변화는 북극뿐 아니라, 전 세계에 기뭄과 홍수, 폭염과 한파 등의 기상 재해, 이상 기후로 인한 생태계 변화와 함께 인류의 생존까지 위협하고 있다. 이러한 기후 변화와 그 대응책에 대하여 세계 시민으로서 당신은 어떠한 생각을 하는가?

 국제 사회는 유엔기후변화협의 등을 통해 기후 변화에 대한 모든 사람들의 참여와 협력을 촉구하고 있어, 국제 사회가 논의한 기후 변화와의 대응 방안에 대해 알아봐야겠어.

 지구의 급격한 기후변화에 대한 책임은 나에게도 있을 거야. 우리의 행동 하나하나가 지구 환경에 미치는 영향을 더 많은 사람들이 않았으면 해.

 기후 변화가 이렇게 심각한 현상이었다니, 다른 친구들은 알고 있었을까? 친구와 함께 기후 변화 문제의 심각성에 대해 이야기해 봐야겠어.

 기후 변화에 대해 걱정만 않느는데, '어스아워(Earth Hour)'와 같은 기후 변화 캠페인이 이루어지고 있네. 1년에 1번 1시간만 전등을 꺼서 기후 변화에 대한 사람들의 관심을 환기하는 행사라니 나도 참여할래.

SDG 15. 육상 생태계

DMZ(비무장 지대), 70년 동안 보전된 생태계 낙원

한반도의 DMZ(비무장 지대)에는 70년 동안 인간의 손이 닿지 않아 멸종 위기종을 포함한 다양한 야생 동식물이 서식하는 생태계 복원이 이루어졌다. 즉, 그동안 인간의 다양한 손이 닿지 않아 충분하고 다양한 생태계 복원이 이루어질 수 있었던 것이다. 반면에 인간의 손이 닿기 때문에 지구에 현재 파괴 및 사막화, 생물 다양성 위기 등을 겪고 있다. 지속 가능한 발전을 통한 육상 생태계 보전에 대해서 세계 시민으로서 당신은 어떠한 생각을 하는가?

 앞으로 개발은 반드시 지속 가능한 발전 안에서 이루어져야 해. 국제 사회가 논의한 육상 생태계 보전 방안에 대해 알아봐야겠어.

 멸종 위기종이 늘어난다니 생각만 해도 너무 안타까운 일이야. 우리의 노력을 통해 DMZ같이 생태계 복원이 이루어질 수 있게 만들어 낼 수 있을 거야.

 육상 생태계가 훼손되면 사막화로 인한 황사, 기뭄과 홍수 등의 재해로 우리에게 되돌아올 수 있어, 친구들과 이를 얼마나 체감하고 있는지 한번 이야기해 봐야겠어.

 생태계 보호는 인간뿐 아니라 모든 생명이 더불어 살아가기 위해 매우 중요한 과제인 것, 그동안 관심을 가져 온 육상 생태계 보호 활동 참여 방안에 대해 알아봐야겠어.

SDG 14. 해양 생태계

거대한 플라스틱 섬

북태평양에는 한반도 7배 크기에 달하는 거대한 플라스틱 섬이 있는데, 이러한 플라스틱 섬은 대서양과 인도양 등 전 세계에 5개나 있다. 인간이 사용한 플라스틱 폐기물이 '거대한 쓰레기 더미'가 되어 해양 생태계를 파괴하고, 다시 해양 생물을 통해 미세 플라스틱으로 인간에게 축적되는 큰 악순환이 계속되는 것이다. 인간 문명에 생긴 해양 생태계 파괴 사례를 보고 세계 시민으로서 당신은 어떠한 생각을 하는가?

 해양 생태계 문제는 보기보다 더 심각해. 해양 산성화 등의 해양 오염을 예방하고 오염을 현저히 줄일 수 있도록 과학 기술 협력을 더욱 강화해야 해.

 해양 생태계 파괴와 인간에게 미돌아올 위험이 너무 걱정돼! 건강한 해양 생태계를 도찾을 수 있도록 우리가 지속적인 관심을 가져야 해.

 육상에서나 우리의 활동이 해양 생태계에 심각한 영향을 주고 있어. 친구들과 한번 이야기해 보아야겠어.

 해양 생태계 보호를 위해선 어류 남획과 불법 조업 등에 대해서도 경종을 울려 줘야 한다고 생각해. 해양 자원을 무분별하게 활용하는 것에 대해선 계속 반대해 나갈 거야.

SDG 16. 평화, 정의 강력한 제도

노벨 평화상 수상자가 보여 준 인류의 희망과 평화

"매일매일을 전쟁의 위험 속에서 살아가는 세계 모든 나라 여성들에게 이 상을 바친다." 2018년 노벨 평화상을 받은 드니 무퀘게의 수상 소감이다. 무퀘게는 Y 국가의 내전 과정에서 반군에게 성폭행을 당한 여성 피해자 수천 명을 치료하고 재활하는 산부인과 의사이다. 전쟁 범죄에 대한 경각심을 불러일으키고, 평화와 정의를 위해 힘쓴 무퀘게를 보면서 세계 시민으로서 당신은 어떠한 생각을 하는가?

 무퀘게는 2016년 서울평화상 수상자로 선정돼 일본군 위안부 문제에 대해 공감을 표하기도 했어. 무퀘게와 같이 세계 각지에서 평화와 정의를 위해 행동하는 활동가들을 알아보고 싶어.

 성폭력은 한 인간의 인간성을 부정하는 행위야. 성폭력 피해자를 지원하고 치유하는 프로그램에 참여해 보고 싶어.

 전쟁과 같은 극단적 폭력을 반대하고, 더 평화로운 세상을 만들기 위해 우리가 할 수 있는 것이 무엇일까? 친구들의 생각이 궁금해.

 '무퀘게 재단'은 성폭력 피해자 지원을 위한 '글로벌 피해자 운동' 캠페인을 벌이고 있다고 해. 나도 성폭력 피해자 지원 활동에 참여해 보고 싶어.

활동지

SDG 17. 글로벌 파트너십

우리 모두의 도움이 절실한 난민 문제

전 세계적으로 전쟁이나 정치, 종교의 박해 등을 피해 고향을 떠나거나 강제 이주를 당한 난민의 수가 6,500만 명을 넘어섰다. 난민의 급격한 증가는 오늘날 국제 사회가 협력해 풀어야 할 중요한 과제이지만, 인도주의에 따른 난민 보호와 이를 반대하는 자국민의 요구가 충돌하는 어려운 문제이기도 하다. 이러한 난민 문제에 대해 세계 시민으로서 당신은 어떠한 생각을 하는가?

Ⓖ 난민 문제는 정말 심각한 것 같아. 왜 국제 사회가 이 문제를 해결하는 데 어려움을 겪는지 구조적 원인과 구체적 해결 방안에 대해 얘기봐야 할 때인 것 같아.

Ⓒ 난민 이야기를 들으면 정말 안타까운데 난민들은 사람들은 그 심각성을 잘 모르는 것 같아. 사람들이 난민들의 고통에 대해 더 많이 공감하면 좋겠어.

Ⓔ 우리나라도 한때 전쟁으로 인한 많은 난민이 국제 사회의 도움을 받은 적 있었으니, 난민 문제를 남의 문제라고만 여겨서는 안 된다고 생각해. 난민에 대한 편견과 혐오를 거둘 수 있도록 친구들과 이야기해 봐야겠어.

Ⓓ 유엔난민기구 설립에 영향을 미친 '윤크라'는 한국 전쟁 난민들을 위해 만든 기구야. 유엔난민기구의 '글로벌 쉐어 캠페인' 등에 참여해 난민에 대한 사람들의 인식이 조금이라도 바뀌게 하고 싶어.

색깔 카드

지속가능발전목표 SDGs (Sustainable Development Goals)

더 나은 세계, SDGs

유엔과 국제 사회는 새천년개발목표(MDGs)를 통해 지구촌 문제 해결에 힘을 쏟았고, 이를 통해 유아 사망률, 절대 빈곤 수치 감소 등의 성과를 달성했다. 그리고 유엔과 국제 사회는 다시, 빈곤, 성평등, 난민, 기후 변화, 불평등 완화, 평화롭고 포용적인 사회 증진 등 모든 국제 사회가 2030년까지 함께 달성해 나가야 할 지속가능발전목표(SDGs)를 설정했다. 누구도 뒤에 남겨지는 법 없이, 우리 인류 모두를 위한 지속 가능한 미래를 달성해 나갈 수 있도록, 세계 시민으로서 우리는 어떻게 행동해야 한다고 생각하는가?

 새천년개발목표는 세계적인 이슈 해결에 대한 사람들의 관심을 환기하고, 어느 정도 실질적인 성과를 거두었던 목표였어. 새롭게 제시된 지속가능발전목표가 더 효과적으로 목적을 이뤄낼 수 있게 그 의의와 국제 사회의 노력에 대해 알아보려 해.

 유엔이 193개 회원국이 더불어 잘 사는 지구촌을 위해 만장일치로 지속가능발전목표를 세운 것은 정말 의미 있는 일이야. 나를 포함해 더 많은 사람들이 17가지의 목표의 의미에 공감하고 노력했으면 하는.

 지속가능발전목표에는 17개의 목표, 169개의 상세 목표, 그리고 이를 달성하기 위한 230개의 세부 지표가 있다고 해. 이처럼 더 나은 세계를 위한 많은 사람들의 노력을 더 많은 사람들에게 알리고 싶어.

 인터넷에 찾아보니 지속가능발전목표를 위해선 국제기구 및 정부뿐 아니라, 우리 시민 사회의 참여도 중요하다고 하더라. 다양한 활동들이 있을 테니, 작게나마 나도 할 수 있는 걸 찾아볼까 해.

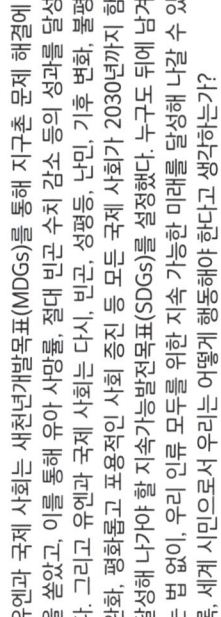

개인 시트

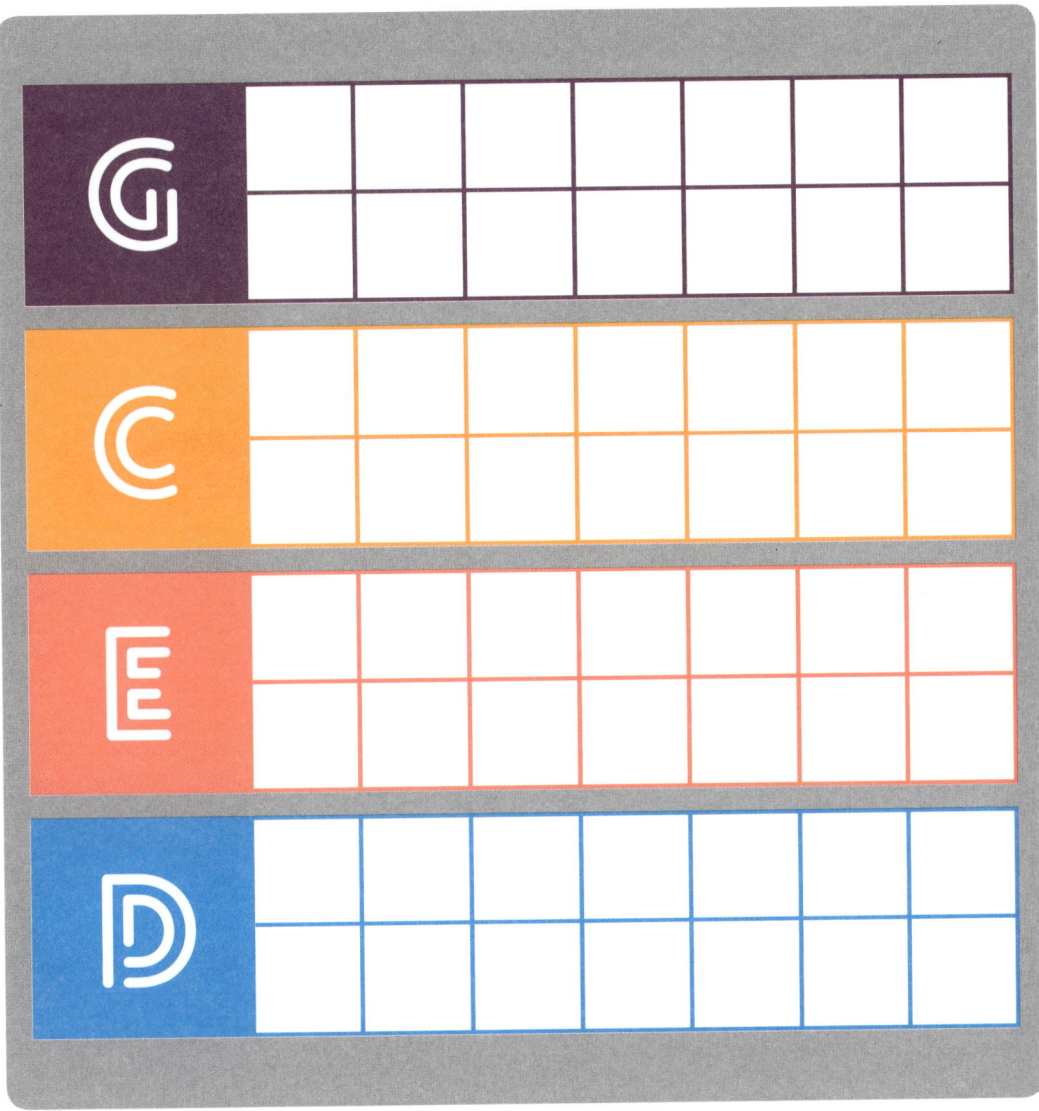

| 활동지

198쪽 더 나은 미래 2030: 지속가능개발목표 카드(17장), 개인 시트, 점수 토큰

지속가능개발목표 카드

	 BETTER FUTURE 2030 평화, 정의 강력한 제도		
BETTER FUTURE 2030 빈곤 종식 	BETTER FUTURE 2030 기아 해결 	BETTER FUTURE 2030 건강과 복지 	BETTER FUTURE 2030 양질의 교육
BETTER FUTURE 2030 기후 변화 대응 	BETTER FUTURE 2030 산업, 혁신과 사회 기반 시설 	BETTER FUTURE 2030 불평등 감소 	BETTER FUTURE 2030 지속 가능한 도시와 공동체 
BETTER FUTURE 2030 성평등 	BETTER FUTURE 2030 깨끗한 물과 위생 	BETTER FUTURE 2030 지속 가능한 청정 에너지 	BETTER FUTURE 2030 좋은 일자리와 경제 성장
BETTER FUTURE 2030 해양 생태계 	BETTER FUTURE 2030 지속 가능한 소비-생산 	BETTER FUTURE 2030 육상 생태계 	BETTER FUTURE 2030 글로벌 파트너십

활동지

개인 시트

지속가능개발목표 카드

1 빈곤 종식	2 기아 해결	3 건강과 복지	4 양질의 교육	5 성평등	6 깨끗한 물과 위생
7 지속 가능한 청정 에너지	8 좋은 일자리와 경제 성장	9 산업,혁신과 사회 기반 시설	10 불평등 감소	11 지속 가능한 도시와 공동체	12 지속 가능한 소비-생산
13 기후 변화 대응	14 해양 생태계	15 육상 생태계	16 평화,정의 강력한 제도	17 글로벌 파트너십	18

내가 중요하다고 생각하는 목표는 무엇인가요? 이 중에서 5가지를 선정해 봅시다.
그리고 내가 중요하다고 생각하는 새로운 18번째 목표를 정해서 다음에 적어 봅시다.

_____

_____

점수 토큰

활동지